DuMont Dokumente:

eine Sammlung von Originaltexten,
Dokumenten und grundsätzlichen Arbeiten
zur Kunstgeschichte, Archäologie,
Musikgeschichte und Geisteswissenschaft

er gestirnte Himmel über mir
das moralische Gesetz in mir

Wolfgang Max Faust / Gerd de Vries

HUNGER NACH BILDERN

deutsche malerei der gegenwart

DuMont Buchverlag Köln

Umschlagabbildung Vorderseite: Walter Dahn/Georg Jiři Dokoupil. Der Treppenkopf. 1981. Dispersionsfarbe auf Nessel. 200 × 150 cm. Privatbesitz

Umschlagabbildung Rückseite: Rainer Fetting. Ricky. 1981. Dispersionsfarbe und Öl auf Leinwand. 220 × 160 cm. Privatbesitz

Umschlagabbildung vordere Innenklappe: Werner Büttner. Sozialstaatimpression. 1980. Öl auf Leinwand. Privatbesitz

Frontispiz: Anselm Kiefer. Der gestirnte Himmel über mir, das moralische Gesetz in mir. 1980. Gouache auf Fotokarton. 83,5 × 58,5 cm

CIP-Kurztitelaufnahme der Deutschen Bibliothek

Faust, Wolfang Max
Hunger nach Bildern / Wolfgang Max Faust ;
Gerd de Vries. – Köln : DuMont, 1982.
   (DuMont-Dokumente)
   ISBN 3–7701–1442–6

NE: de Vries, Gerd:

© 1982 DuMont Buchverlag, Köln
Alle Rechte vorbehalten
Reproduktion: Offset Repro Zentrum, Düsseldorf
Druck: Rasch, Bramsche
Buchbinderische Verarbeitung: Boss-Druck, Kleve

Printed in Germany   ISBN 3–7701–1442–6

Für uns.
Wem sonst.

Inhaltsverzeichnis

Vorbemerkung

Ich frage durch Behauptungen.
(W. Worringer)

Dieses Buch ist eine spontane Reaktion auf die gegenwärtige Situation der Malerei in Westdeutschland. Sie ist noch weitgehend offen und »im Fluß«, dennoch scheint uns die Zeit für eine erste Summe gekommen. Beabsichtigt ist nicht eine neutrale Auflistung, sondern eine kritische Problemgeschichte, die von verschiedenen Blickwinkeln aus die Frage nach den Möglichkeiten für Bildbegründungen und nach dem heute zu beobachtenden »Hunger nach Bildern« zu beantworten sucht.

Vorgestellt werden prägnante Positionen der Gegenwart und der jüngsten Vergangenheit, die die Auffassungen von Malerei irritieren, verändern oder in Frage stellen. Dabei stehen die Abbildungen in diesem Buch deutlich im Vordergrund. Die Kunstwerke sind es, an denen sich die Diskussion entzünden soll, sie bilden den Ausgangspunkt für Fragestellungen und Antworten. Der Text versteht sich als eine Annäherung an die in den Bildern vorgestellten Legitimationen einer zeitgenössischen Malerei: Er versucht eine Klärung dessen, was die Bilder am Beginn der achtziger Jahre für den Künstler wie für den Betrachter wichtig macht; er setzt die Kunstwerke in Beziehung zum »Zeitgeist«, der sie prägt, den sie mitbestimmen und dem sie sich – gleichzeitig – verweigern.

Die Auswahl der Künstler wurde unter dem Aspekt der öffentlichen Beachtung getroffen, die sie in Ausstellungen und Publikationen fanden. Da der mehrdeutige Kontext von Kunst jedoch durchaus unterschiedliche Einschätzungen ermöglicht, geschah die Gewichtung durch die Wertschätzung der Autoren für die einzelnen Künstler. Dieser subjektive Faktor, der sämtliche Darstellungen durchzieht, bietet gleichzeitig die Chance dafür, daß sich das widersprüchliche Ganze der gegenwärtigen Kunstsituation mit Hilfe einiger verbindlicher Leitlinien klären läßt. Daß diese dabei selbst zur Debatte gestellt werden, versteht sich.

Wolfgang Max Faust
Gerd de Vries

Hintergründe und Vorbilder

Im Schnittpunkt zweier Generationen – so läßt sich gegenwärtig die Situation der Malerei in Westdeutschland charakterisieren. Denn neben den Künstlern, die schon seit den 60er und 70er Jahren das Bild der Malerei bestimmen, etabliert sich nun, am Beginn der 80er Jahre, eine neue Generation junger Maler. Ihr Auftreten ist spektakulär, radikal, direkt. Sie setzen sich mit Hilfe von Gemeinschafts- und Einzelausstellungen, Publikationen und Interviews ins Licht der Öffentlichkeit. »Wild«, »heftig«, »punkig«, »frech«, »aggressiv«, »häßlich« lauten die Charakterisierungen der neuen Bilder.[1] Als Erneuerung und Fortschritt werden sie von ihren Bewunderern gefeiert, als Werke von Dilettanten und »hochgemuten Nichtskönnern« von den Kritikern geschmäht. Schon lange nicht mehr war die Kunstsituation so lebhaft wie gegenwärtig, schon lange nicht mehr so offen und in die Zukunft gerichtet.[2]

Was ist neu?

Neu ist – mit dem Blick auf die 60er und 70er Jahre – die Hinwendung einer ganzen Künstlergeneration zur Malerei, mit dem Ergebnis, daß diese Hinwendung zu einer Umdeutung der jüngsten Kunstentwicklung führt: Durch die massive Wiederentdeckung der Malerei durch die junge Generation erhalten die Maler, die schon seit dem vergangenen Jahrzehnt tätig sind, einen neuen Kontext.

In den späten 60er und 70er Jahren bilden die Maler eher eine Randerscheinung der Kunst-szene. Ihre Arbeit steht nicht im Mittelpunkt des künstlerischen Interesses. Gesehen vor dem Hintergrund auch der internationalen Kunstbewegungen befinden sie sich in einer Außenseiterposition. Bestimmend für die Diskussion über Kunst sind vor allem Happening und Fluxus, Minimal und Conceptual Art sowie vor allem multi-mediale Kunstformen, die Arbeit mit technischen Medien (Foto, Film, Video), mit dem eigenen Körper (Body Art, Performance), der Natur (Land Art).[3]

Die Kunst erlebt seit Mitte der 60er Jahre die »Entmaterialisierung des Kunstobjekts«.[4] Von der Reduktion auf Grundstrukturen, die die Minimal Art vorzeigt, führt eine direkte Linie zu den Formulierungen der Konzeptuellen Kunst. »Das Kunstwerk existiert nicht mehr in konkret faßlicher Form, sondern wird mit Hilfe von Texten, Diagrammen und Fotografien ›umschrieben‹ und erst durch gedanklich-assoziative Prozesse in der Vorstellung des Betrachters existent.«[5] Andererseits verlagert sich die Fragestellung von der Beschaffenheit des Kunstobjekts über die Bedingungen des Kunstkontextes zu allgemeingesellschaftlichen Phänomenen. Die Analyse der Bedingungen – im weitesten Sinn – unter denen sich Kunst »ereignen« kann, wird zum Hauptgegenstand der Untersuchung. Eine strenge Gedankenkunst bildet sich aus, die ihre konsequenteste Formulierung unter den deutschen Künstlern wohl in der Arbeit von Hanne Darboven und Hans Haacke gefunden hat.

Joseph Beuys

Einen Gegenpol zu dieser Intellektualisierung bildet in Deutschland vor allem das Werk von Joseph Beuys. Zwar geht auch bei ihm die Kunstproduktion von einem genau definierten gedanklichen Konzept aus, doch reißen die Aktionen, Objekte, Konzerte, Zeichnungen, Aquarelle und Plastiken ganz bewußt Bezüge zum Nichtdefinierten, Irrationalen und Sprachlosen auf. Beuys fordert programmatisch die Durchdringung von Kunst und Leben, die Entdeckung einer allgemeinen Kreativität, die politische Veränderung durch Kunst. Im Zentrum seiner Arbeit steht ein »erweiterter Kunstbegriff«: Kunst soll nicht nur in allen Medien möglich sein – Fett, Filz, Honig u. a. werden bei Beuys zum Material der Kunst –, sondern der Begriff der »Plastik« wird ausgedehnt auf den Bereich des Denkens (»Denken ist für mich Plastik«[6]) oder den der Gesellschaft (»Soziale Plastik«). Kunst sind gesellschaftliche Bewegungen – wie sein ›Büro für direkte Demokratie‹ oder die ›Freie Internationale Hochschule für Kreativität und interdisziplinäre Forschung‹ –, »Lehren und Lernen« Aufführungskunstformen. Ziel der Arbeit ist eine ästhetische Aufklärung, die die Ganzheit des Menschen verändert, nicht nur sein rationales Bewußtsein. Dies spiegelt sich auch in Beuys' Bildern, seinen Zeichnungen, Aquarellen und Gouachen wider. Sie sind nie nacherzählendes Abbild von Wirklichkeit, sondern visionäre Skizzen möglicher (vergangener oder zukünftiger) Welten (Abb. 1). Wer sich auf sie einläßt, lernt, sie als Stadien in einem Kunst-Prozeß zu sehen, der von der einzelnen Arbeit in den Bereich von Kunst und Leben, in die Zone einer allumfassenden Gesamtkunst führt.[7]

1 Joseph Beuys. Doppelblatt ›Befragung‹. Sibirische Symphonie. 1963. Ölfarbe auf Papier. 23,7 × 22 cm. Slg. FER

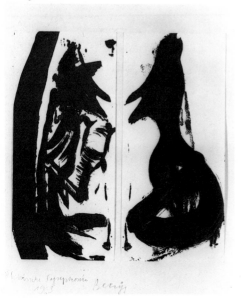

Wiederkehr der Malerei

Vor dem Hintergrund dieser Gesamtkunst von Joseph Beuys, vor dem Hintergrund aber auch der Arbeiten deutscher Künstler mit Fotos (Bernd und Hilla Becher, Hans Peter Feldmann), Installationen (Reiner Ruthenbeck, Michael Buthe), Selbstdarstellungen (Jürgen Klauke, Ulrike Rosenbach), Aktionen (Klaus Rinke, Franz Erhard Walther, Wolf Vostell), wie sie seit Ende der 60er Jahre zu beobachten waren, wirkt die gegenwärtige Wiederkehr der Malerei fast wie ein Rückschritt. Denn die Beschränkung auf »Malerei« verengt erst einmal die Diskussion um die Erweiterung der »Kunst«. Die Wiederaufnahme der Malerei ist die Fortsetzung einer Tradition, deren Ende im 20. Jahrhundert – seit den Künstlern des italienischen Futurismus, z. B. seit Severini und Boccioni – schon oft beschworen wurde.[8] Verglichen mit den avancierten technischen Medien wie Foto, Video, Film, Funk, Holographie oder Laser wirkt die Malerei erst einmal konservativ. Und auch die Vorstellung vom Künstler als »nur Maler« besitzt fast anachronistische Züge.

Wie also läßt sich das gegenwärtige Interesse an Malerei rechtfertigen? Woraus erklärt sich der

»Hunger nach Bildern«, der die Kunstsituation momentan bestimmt?

Die gegenwärtige Hinwendung der Künstler zur Malerei ist als Reaktion auf die Kunstformulierungen der 60er und 70er Jahre zu sehen. Die optimistische Ausweitung des Kunstbegriffs auf die verschiedensten Bereiche, die Benutzung von technischen Medien oder die Anbindung der Kunst an die Wissenschaft, an die Erkenntnistheorie, Soziologie, Linguistik oder Semiologie führten zu einer Objektivität, die sowohl die Werke wie die Person des Künstlers betraf.

Dieser Prozeß der Entsubjektivierung, so läßt sich von heute aus sagen, besaß eine innere Notwendigkeit. Er löste in den 60er Jahren die Kunst aus der Bilderseligkeit des abstrakten Expressionismus und der Pop Art. Er widersprach der gedankenlosen Weiterführung abstrakter wie realistischer Tendenzen und schuf die Voraussetzung dafür, daß heute in der Malerei die Beziehung zwischen Werk und Person, zwischen Bild und Subjektivität neu und verändert gesehen werden kann. Denn darum scheint das gegenwärtige Interesse der Künstler an der Malerei zu kreisen: Wie verbindet sich das Ich des Künstlers mit dem Bild? Welche Bezüge, Spannungen, Selbstentdeckungen ermöglicht das Malen als ein weitgehend unmittelbarer und spontaner Prozeß der Bildfindung? Was scheint im Bild auf: Die Einheit eines sich selbst gewissen Individuums oder eine Vielheit individueller Aspekte, die kaum auf einen vereinheitlichenden Nenner gebracht werden kann?

Diese Fragen machen deutlich, daß gegenwärtig ein neues existentielles Moment in die Kunst eindringt. Doch – so zeigt es schon ein flüchtiger Blick auf die Bilder der jungen Künstler – beabsichtigt ist nicht ein neues eindeutig definiertes Menschenbild, sondern der lustvolle Entwurf vielgesichtiger Möglichkeiten des Selbstausdrucks. Die Bilder schlagen keine geschlossenen Antworten vor, sondern wollen provozierende Fragen sein, die sich auf unsere festgefahrenen Vorstellungen vom Individuum ebenso beziehen wie auf unsere Vor-Urteile darüber, was

ein Bild zu zeigen hat. Deshalb bestimmt der Aspekt des »Nebeneinander« die Kunst der jungen Generation: Zitate tauchen in den Bildern auf, Anverwandlungen und Umdeutungen historischer Stile, »postmoderne« Reflexe auf die Geschichte der modernen Kunst.

Dieses Nebeneinander macht auf eine grundlegende Problematik aufmerksam, die die Rückkehr zur Malerei bestimmt. Zur Debatte steht die Beziehung des heutigen Künstlers zur Tradition, steht die Frage, wie das Wissen um die Geschichte der Malerei die eigene Arbeit verändert, und ob eigentlich nicht schon alles in der Malerei gesagt ist, was es zu sagen gibt.

Daß diese Fragen heute so massiert auftauchen, hängt nicht nur mit Veränderungen im Bereich der Kunst, sondern mit einem Wandel im Lebensgefühl und in der Selbsteinschätzung zusammen, den wir in den westlichen Gesellschaften seit nunmehr schon einer Reihe von Jahren beobachten können. Nach den Aufbruchs- und Aufbauphasen, die die prosperierende Ökonomie in den 50er und 60er Jahren kennzeichneten, wurden die 70er Jahre bestimmt von der Erfahrung der Grenzen des Wachstums und der Erkenntnis, welch enormer Preis für den materiellen Wohlstand zu zahlen ist. An die Stelle eines fast hemmungslosen Fortschrittsglaubens, der sämtliche Bereiche der Gesellschaft (Politik, Wirtschaft, Wissenschaft, Kultur) umfaßte und der sich auch in den utopischen Gegenbildern zur bestehenden Gesellschaft niederschlug, trat eine Ernüchterung, die sich stärker auf das Machbare bezog, um in überschaubaren Bereichen grundlegende Veränderungen anzubahnen. Dieses Umdenken, das sich etwa in der Ökologiebewegung, in den alternativen Politik-Konzepten, in den Minderheiten-Aktivitäten zeigt, charakterisiert auch die Entwicklungen in der bildenden Kunst. Strebte sie nach dem Zweiten Weltkrieg in immer neuen Varianten zu einem allgemeinen Stil und einer Weltsprache der (westlichen) Kunst, so zeigt sich seit Ende der 60er Jahre eine deutliche Hinwendung zu nationalen, regionalen oder minoritären Traditionen.

Neue Positionen

Wenn sich gegenwärtig ein Interesse an »deutscher« Malerei entwickelt, so rücken dadurch Aspekte ins Blickfeld, die das Eigene einer bestimmten Entwicklung hervorkehren, ohne jedoch den Begriff der Kunst nationalistisch zu verengen. Dabei zeigt sich, daß diese Kunst nicht nach fremden Vorbildern schielt, daß sie nicht einen Anschluß an internationale Strömungen finden will, auch wenn die Rückkehr zur Malerei selbst als ein internationales Phänomen zu beobachten ist.

In der italienischen Arte cifra[9] und im amerikanischen New Image Painting[10] finden wir durchaus analoge Bestrebungen zur deutschen Situation, die jedoch zugleich auch auf die Unterschiede aufmerksam machen. So zeigt sich die italienische Malerei – von Sandro Chia, Francesco Clemente, Enzo Cucchi, Mimmo Paladino etwa – in einer engen Beziehung zur italienischen Tradition der Pittura Metafisica und den Valori Plastici. Die amerikanische Malerei – z. B. Julian Schnabel, David Salle, Jonathan Borofsky – weist dagegen auf einen positiv gewendeten Eklektizismus, der zum einen nach der Faszination der »Oberfläche« strebt, zum anderen aber auch nach »europäischer Tiefe«, vermittelt durch Kultur- und Kunstzitate. Durchaus analoge Haltungen finden wir auch in der Schweizer bzw. österreichischen Kunst: Als wichtigste Vertreter sind hier Martin Disler, Josef Felix Müller, Claude Sandoz, Alfred Klinkan, Hubert Schmalix und Siegfried Anzinger zu nennen.[11]

Die deutsche Malerei der Gegenwart besitzt eine pointierte Eigenständigkeit innerhalb dieser internationalen Kunstsituation. Hieraus resultiert ihre internationale Anerkennung und das enorme Interesse, das ihr – eigentlich zum ersten Mal seit der Zeit des Expressionsmus und des Bauhauses – in New York, Rom, Basel, Paris, Amsterdam oder Stockholm entgegengebracht wird. Dabei richtet sich die Aufmerksamkeit sowohl auf die jüngste Generation wie auch auf die Künstler, deren Werk sich nun schon in Retrospektiven

vorstellen läßt. Das Miteinander der beiden Generationen, die gegenwärtig die Situation der Malerei in Deutschland bestimmen, wird im Ausland aufmerksam beobachtet und als ein spezifisch deutscher Beitrag zur zeitgenössischen Kunstentwicklung betrachtet.[12] Der kritische Blick sucht Rückbezüge zur deutschen Malereigeschichte und entdeckt die Spuren, die aus der Vergangenheit in die Gegenwart führen.

Deutsche Malerei nach 1945

Die Geschichte der Malerei im 20. Jahrhundert ist – vor allem in Deutschland[13] – eine Folge von Brüchen und Widersprüchen, von verschütteten Kontinuitäten und Neuanfängen. Sie läuft der politischen Entwicklung parallel, sie zeigt das Scheitern, die Resignation und die Hoffnung, die sich mit der historischen Entwicklung verbinden. Will man eine Konstante für die Geschichte der deutschen Malerei im 20. Jahrhundert ausmachen, so kann man sie allenfalls in der Folge ständiger Umbrüche entdecken: Die Malerei formuliert sich in Extremen, die immer wieder schroff ihre Unvereinbarkeit behaupten. Dabei schwankt sie zwischen der sehnsüchtigen Suche nach eigenen Ausdrucksformen und der Verleugnung ihrer sie prägenden Traditionen.

Betrachten wir unter diesem Blickwinkel die Entwicklung der deutschen Malerei nach dem Zweiten Weltkrieg: Nach dem Bilderverbot der modernen Kunst, das die Nazis mit dem Verdikt der »Entarteten Kunst« aussprachen, erleben wir ab 1945 eine extreme Hinwendung zur »internationalen Moderne«, die nicht allein aus dem enormen Nachholbedarf erklärt werden kann, den die zwölfjährige Hitlerdiktatur erzeugte. Vielmehr läßt sich diese Ausrichtung auf fremde Vorbilder zugleich als Abkehr von der eigenen Geschichte und als Berührungsangst gegenüber eigenen Traditionen deuten. Denn aufgegriffen werden aus der deutschen Kunst in Westdeutschland allein die Positionen, die dem internationalen, zum Teil durch deutsche Emigranten vermittelten Standard entsprechen. Nach einer Phase des Experimentierens mit surrealen Tendenzen bzw. einer magischen Gegenständlichkeit finden wir ein fast völliges Eingehen auf die Abstraktion, die die Nachkriegsära international bestimmt. Dabei spiegeln sich auch die Ausdruckspole in der deutschen Kunst wider, die die internationale Diskussion um die abstrakte Malerei beherrschen: ›Informel‹ und ›Tachismus‹, Richtungen, die in der ›Ecole de Paris‹ – bei Jean Bazaine, Roger Bissière, Alfred Manessier, Georges Mathieu, Serge Poliakoff, Pierre Soulages, Maria-Elena Vieira da Silva – ihr Zentrum besitzen und die eine gestische, spontane Umsetzung psychischen Erlebens ins Bild fordern.

Die deutschen Künstler Wols, Hans Hartung, Ernst Wilhelm Nay, Fritz Winter, Karl Otto Götz und Sonderborg fügen sich nicht nur in diese Bewegung ein, sondern prägen sie zum Teil bestimmend mit. Der seit 1932 in Paris lebende Wols (Alfred Otto Wolfgang Schulze) wird trotz seines kurzen Schaffens (1946–1951) und seiner extremen Position zu einer der entscheidenden Figuren der abstrakten Malerei nach 1945. Aus der nervösen Sensibilität seiner Aquarelle, Zeichnungen und Bilder spricht quälende psychische Bedrängnis, die aus tiefen Schichten des Unbewußten stammenden Linien, Schraffuren, Flecken und Formen an der Grenze zur Gegenständlichkeit sind Ausdruck neurotischer Zwänge und existentieller Ängste.

Diesen verästelten, detailreichen Strukturen setzt Hans Hartung, der zweite deutsche Künstler von internationaler Bedeutung – auch er (seit 1935) in Paris –, eine eher lapidare, aus der Energie des Malvorgangs entstehende Formel- oder Zeichensprache entgegen (Abb. 2). »Der Modus procedendi, die Pinselschrift erweist sich als das eigentliche Thema des Bildes: das Auge verfolgt die auf- und niederfahrenden Striche, die bald offen die Fläche kreuzen oder sich zu Bündeln einen, die schnell oder langsam niedergeschrieben, spontan oder zögernd den zeitlichen Ablauf des Gestaltungsprozesses als malerische Bewegungsspur auf die Dauer fixieren. (...) Bal-

2 Hans Hartung. Komposition T 55–18. 1955. Öl auf Leinwand. 162 × 110 cm. Museum Folkwang, Essen

ken und Gitter, Bündel und Schriftspuren zeigen sich als ein Mitteilungsarsenal von erregender Intensität und Ausdrucksstärke, als Notationen innerer Impulse: die Malerei wird zur Spiegelung der momentanen Existenz des Menschen.« (Paul Vogt)[14]

Zero

Die informelle Abstraktion ist von enormer Breitenwirkung und behauptet 1945–60 unangefochten ihre Position als dominierende Stilrichtung. Geprägt ist diese Kunst von einer Nähe zum Existentialismus, der für sie das paradoxe Moment von absoluter Freiheit und gleichzeitiger

Gebundenheit entwirft. Strebt diese Kunst zum einen nach einer suggestiven Kalligraphie der Gefühlszeichen, so andererseits zugleich nach denkentfernter Formlosigkeit. Dem Depressiv-Existentiellen, das einem Großteil der Kunstproduktion dieser Jahre zueigen ist, setzt die sich Ende der 50er Jahre entwickelnde Bewegung ›Zero‹ – Heinz Mack, Otto Piene, Günther Uecker – in Deutschland eine bewußt optimistische Grundhaltung entgegen: »Proklamation. ZERO: wir leben. ZERO: wir sind für alles.«[15]

Die Arbeit der Gruppe fußt auf Ideen des Bauhauses (vor allem den kinetischen Werken von Laszlo Moholy-Nagy) und den Neuansätzen, die Lucio Fontana mit seinen aufgeschlitzten Leinwänden, Yves Klein mit seinen monochromen Bildern und Piero Manzoni mit weißen, »neutralen«, von allen außerbildlichen Implikationen freien Arbeiten entwickelt hatten. Ähnlich radikal strebt Zero zur Schönheit des Nullpunkts, zur »Zone des Schweigens vor dem Neubeginn«[16]. Zu erreichen sucht man diesen Punkt der Stille und des Anfangs durch Konzentration auf die Farbe Weiß (Günther Uecker: »Ich habe mich für eine weiße Zone entschieden als äußerste Farbigkeit, als Höhepunkt des Lichtes, als Triumph über das Dunkel. Eine weiße Welt ist, glaube ich, eine humane Welt, in der der Mensch seine farbige Existenz erfährt, in der er lebendig sein kann. Diese Weißstrukturen können eine geistige Sprache sein, in der wir zu meditieren beginnen. Der Zustand Weiß kann als Gebet verstanden werden, in seiner Artikulation ein spirituelles Erlebnis sein. Dieses Sein im Weiß unterscheidet sich von dem Dunkel, vom kreatürlichen Existenzbeweis im Geschrei, von der großen Geste, einem Drama des Leidens, wo alle Erlösung ins Jenseitige projiziert wird.«)[17]. Zugleich sucht man die Konzentration auf das Licht, was bei Uecker zur Strukturierung der Bildfläche bzw. der Oberfläche verschiedener Objekte mit Nägeln (›Weißes Bild‹, Abb. 3) und bei Mack und Piene zur Verwendung von Rastern, Folien, Reliefs, Wellglasscheiben und ähnlichem führt.

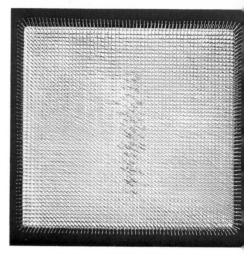

3 Günther Uecker. Weißes Bild. 1959. Leinen überzogene Holzplatte, benagelt, weiß gespritzt. 55,5 × 60 cm. Kaiser-Wilhelm-Museum, Krefeld

Das Bild soll ein »Kraftfeld artikulierter Lichtenergie« (Wieland Schmied)[18] werden, eine Problemstellung, die folgerichtig durch Einbeziehen von Bewegung gelöst wird und damit in die Entwicklung der Lichtkinetik mündet (ab 1959 erste ›Lichtdynamos‹ von Mack und Beschäftigung Pienes mit der Idee eines ›Lichtballetts‹, das in verschiedenen Formen realisiert wird; ab 1960 erste Lichtkästen von Uecker). Wenn die späteren Arbeiten der Zero-Künstler auch oft die Grenzen zur reinen Dekoration überschreiten, nimmt dies der Bewegung nichts von ihrer entscheidenden historischen Bedeutung. Im Rahmen der deutschen Kunst stellt Zero die erste eigenständige Leistung nach dem Zweiten Weltkrieg dar.

Geometrische Abstraktion

Die ›Geometrische Abstraktion‹, die vor allem über das Werk des in die USA emigrierten Bauhaus-Künstlers Josef Albers und durch die Arbeiten der Schweizer Maler Max Bill und Richard Paul Lohse vermittelt wurde, bildet einen weiteren Gegenpol zu den internationalen Strömungen des Informel und Tachismus in Europa bzw. des ›Abstrakten Expressionismus‹ in Amerika (Jackson Pollock, Franz Kline, Willem De Kooning, Mark Tobey, Robert Motherwell). Die subjektiven Beweggründe für die Entstehung der Bilder werden weitgehend ausgeschaltet, allenfalls der Bereich der Wahrnehmungspsychologie taucht als Thema der Arbeiten auf. Im Sinne der ›Konkreten Kunst‹ verweisen die Bilder auf nichts anderes als auf sich selbst. Typische Vertreter dieser Richtung in Deutschland sind Günter Fruhtrunk, Winfred Gaul und Karl Georg Pfahler. Ähnlich Zero erliegt die Geometrische Abstraktion in kurzer Zeit ihren dekorativen Aspekten und wird zu uninspirierten, belanglosen Mustern.

Rückkehr zum Figurativen

4   Horst Antes. Figur schwarz-weiß. 1967. Aquatec auf Leinwand. 150 × 120 cm. Kunstsammlung Nordrhein-Westfalen, Düsseldorf

Bis zur Mitte der 60er Jahre kann in der (west-)deutschen Malerei von einer Vorherrschaft der abstrakten Kunst gesprochen werden. Nur zögernd und in Randpositionen werden neue Bildbegründungen entwickelt, die als Rückkehr zur Figuration zu erkennen sind, u. a. bei Georg Baselitz und Markus Lüpertz, aber auch bei Horst Antes, dessen berühmter ›Kopffüßler‹ (Abb. 4) den Endpunkt einer geradlinigen Entwicklung aus dem Tachismus verkörpert. »Die Figurenwelt von Antes seit 1962/63 (. . .) entsprang keineswegs einem Programm ›neuer Figuration‹, hatte nichts Theoretisches an sich, und resultierte auch nicht aus bloßer Reaktion gegen das Informelle. Im Gegenteil: sie gebar sich mitten aus tachistischen Formen heraus, hatte das Privileg einer quasi natürlichen Geburt durch embryonale Vorformen hindurch. Um so zwingender war ihre Erscheinung und um so größer ihre Lebensbezogenheit.« (Dieter Koepplin)[19]

Eine veränderte Haltung zur Gegenständlichkeit entsteht in Deutschland zuerst einmal durch den Bezug zur französischen und amerikanischen Kunst, die sich im Nouveau Réalisme bzw. im New Realism der Alltagswirklichkeit der westlichen Zivilisation zuwenden. Das spektakulärste Beispiel für diese Haltung wird die Pop Art, deren Ästhetik die 60er Jahre auf breiter Front bestimmt. Die Arbeiten von Robert Rauschenberg, Jasper Johns, Claes Oldenburg, Roy Lichtenstein und Andy Warhol in den USA, von David Hockney, Allen Jones, Richard Hamilton, R. B. Kitaj und Jim Dine in Großbritannien werden zu Ikonen der Verherrlichung und gleichzeitig der Kritik einer Konsumwelt, die alles zur Ware macht. So übermächtig und überzeugend sind augenscheinlich die Vorbilder, daß sich eine deutsche Pop Art nur in Ansätzen – bei Fritz Köthe etwa – entwickelt.

Kapitalistischer Realismus

Kunst und Politik. Kunst und Individuum

Als einen spezifisch deutschen Reflex auf die Allgegenwart der Konsumwelt läßt sich deshalb eher der um 1963 von Gerhard Richter und Konrad Lueg entwickelte ›Kapitalistische Realismus‹ bezeichnen. Sein Kennzeichen ist zum einen der Affront gegen die diversen abstrakten Bildbegriffe, deren Ästhetik damals entleert und mechanisch weitergeführt wurde, zum anderen ein ironisch verzerrendes Eingehen auf den kleinbürgerlichen Geschmack der deutschen Alltagswirklichkeit. Die Analogiebildung des Begriffs ›Kapitalistischer Realismus‹ zu ›Sozialistischer Realismus‹ weist darüber hinaus ironisch auf die Einbeziehung gesellschaftlich-ökonomischer Aspekte in die Kunstproduktion. Denn während der Sozialistische Realismus, der seit der Gründung der DDR programmatisch zur (ost-)deutschen Norm der Kunst erklärt wurde, auf ein geschlossenes ideologisches Denkgebäude und die Partei, den Staat, als Sinnstifter und Zensor blicken kann, vermag sich der Kapitalistische Realismus nur vage und sarkastisch auf den wahren Souverän der Bundesrepublik, den Kleinbürger, zu beziehen. Dessen Geschmack, von der Kulturindustrie bestätigt und vermittelt, taucht in den Bildern von Lueg und Richter, aber auch in denen von K. P. Brehmer, Karl Horst Hödicke, Sigmar Polke und Wolf Vostell, in einer entlarvenden Brechung auf, deren Kritik an den bestehenden gesellschaftlichen Verhältnissen weit über die Malerei hinausführt. Deshalb finden wir im Umkreis der Maler des Kapitalistischen Realismus auch die Künstler, die in Aktionen, Happenings und Fluxuskonzerten zu neuen, neo-dadaistischen Sichtweisen auf den Alltag und die einengenden Normen der etablierten Kulturvermittlung gelangen wollen.

Diese Kunst des Schocks und der Provokation begleitet eine Aufbruchs- und Umbruchsstimmung, die dann am Ende der 60er Jahre in den Studentenrevolten und den Versuchen einer Außerparlamentarischen Opposition zu einer grundlegenden Kritik am kapitalistischen System führen wird. Indem in dieser Umbruchsphase vor allem gesellschaftstheoretische Fragestellungen in den Vordergrund gestellt werden, gerät die Kunst in eine schwierige Legitimationskrise, die auf der einen Seite zur in der Malerei formulierten Forderung ›Hört auf zu malen!‹ (Jörg Immendorff, vgl. Abb. 33) gelangt, die andererseits aber die Kunst als »gesellschaftliche Antithesis zur Gesellschaft« (Theodor W. Adorno)[20] sieht. Fragen nach der Parteilichkeit tauchen in der westdeutschen Kunst auf, die Suche nach demokratischen Formen der Kunstvermittlung.

In Berlin, wo die Politisierung am Ende der 60er Jahre auf einen breiten Rückhalt in der jungen Generation zurückgreifen kann, führt die Diskussion um eine neue Ästhetik in der Malerei zu einem ›Kritischen Realismus‹, der in den Bildern von Peter Sorge, Wolfgang Petrick, Hans-Jürgen Diehl, Miriam Maina-Munsky, Klaus Vogelgesang eine Synthese von Neuer Sachlichkeit, Pop Art und Fotorealismus versucht. Doch die an den Bildern dieser Richtung ablesbare »Parteilichkeit« erweist sich schon bald als verharmlosendes Moralisieren, das an Stelle einer verändernden Aufklärung gegen die festgefügten Klischees der Gesellschaft nur ebenso klischeehafte, plakative Gegenbilder stellt.

Die der Aufbruchsstimmung am Beginn der 70er Jahre folgende Ernüchterung resultiert dabei nicht nur aus dem Erlahmen des revolutionären Elans der »außerparlamentarischen« Oppositionellen, sondern auch aus der Erkenntnis, daß innerhalb der kapitalistischen Gesellschaft grundlegende Veränderungen kaum durch intellektuell ausgerichtete Lernakte bewirkt werden können. Der permanente Blick auf die durch Theorie erzwungene »Revolution morgen« ließ das Heute verkümmern und führte zu einer schwierigen Identitätsproblematik auf der Ebene der Subjekte. Der Weg in den Terror, in den ein Teil der revolutionären Gruppen führte, war u. a. eine Verkennung der Tatsache, daß Veränderungen kaum noch gesamtgesellschaftlich erreicht werden können.

An die Stelle des Blicks auf die Gesellschaft als Ganzes tritt in den 70er Jahren zunehmend ein pragmatisches Eingehen auf die Bedürfnisse und Forderungen von Minderheiten und gesellschaftlichen Gruppierungen. Die Erfahrungen, die dabei gemacht werden, rücken das Individuum mit seinen Sehnsüchten und Wünschen in den Mittelpunkt und lassen es zum Ort von Erlebnissen und Erkenntnissen werden, die zugleich individuell wie gesellschaftlich vermittelt sind. Galten die Auseinandersetzungen am Ende der 60er Jahre der Frage, ob die Kunst, die Kultur, als Affirmation oder Kritik zu sehen sei, so entdecken die 70er Jahre Freiräume eines »Woanders«, die das Denken in den Kategorien der Minderheiten bis aufs einzelne Subjekt verlängern.

Die Kunstformen, die dieser Entwicklung entstammen, führen zu den zahllosen multi-medialen Selbsterkundungsversuchen, die wir in den Richtungen der ›Individuellen Mythologien‹, der ›Spurensicherung‹, der ›Transformer‹, der ›Body Art‹ oder der ›Performance‹ finden. Zugleich aber lassen sie sich in den sozial engagierten Richtungen erkennen, die die »Kunst in die Gesellschaft« und die »Gesellschaft in die Kunst«[21] führen wollen (Klaus Staeck, Dieter Hacker, Albrecht D.). Auch hierfür ist die Arbeit von Joseph Beuys das prägnanteste Beispiel. Bei ihm verbindet sich der Blick auf alternative Sozialstrukturen mit einem neuen Kunstbegriff, der dem einzelnen Individuum das Recht auf seine subjektiven Visionen und Selbstverwirklichungen zubilligt.

Standen die 60er Jahre vor allem im Zeichen von Kunst und Gesellschaft, so rücken die 70er Jahre die Beziehung von Kunst und Individuum deutlich in den Vordergrund. Das dabei entstehende plötzliche Interesse an der Malerei läßt sich aus diesem Perspektivenwechsel erklären. Es führt dazu, daß auch die Außenseiter, die zum Teil schon seit den 60er Jahren gleichsam parallel zu den herrschenden Kunstströmungen arbeiteten, nun deutlicher ins Blickfeld gelangen. So erhält das Werk von Georg Baselitz und Markus Lüpertz einen neuen Stellenwert. Und auch die Arbeiten von Jörg Immendorff, Sigmar Polke, Gerhard Richter und Karl Horst Hödicke, die in den 60er und 70er Jahren auf vielfältige Weise mit den bestimmenden Kunstbewegungen verbunden waren, verändern ihre Bedeutung.

Die Malerei am Beginn der 80er Jahre

Vor dem Hintergrund einer Rückbesinnung auf die Frage nach dem Wesen und den Möglichkeiten der Malerei formuliert sich das Interesse an den Bildern dieser Künstler neu. Der Blick richtet sich nun vor allem auf die Frage nach der Begründung der Malerei, auf das Problem, warum die Bilder so, wie sie sind, da sind, welche Legitimation sie – heute – vorweisen können. Denn dies scheint nach den Entwicklungen der Malerei im 20. Jahrhundert deutlich geworden zu sein: Es gibt keine »natürliche Begründung« für die Malerei. Selbst wenn man davon ausgeht, daß der Mensch als schöpferisches Wesen einen »Kunst-Trieb« besitzt, der sich in Kunstwerken entäußern will[22], müssen wir die Werke dennoch stets als ästhetische Entscheidungen betrachten. Sie aber, so zeigt es die Situation der Malerei heute, können den verschiedensten Begründungszusammenhängen entstammen.

Doch während in den vergangenen Epochen der Malereigeschichte die Entwicklung der verschiedenen Begründungen gleichsam linear aufeinander folgte, erleben wir nun eine Umstrukturierung. Parallelen entstehen, ein Nebeneinander bildet sich aus, das nicht nur die Werke von Künstlern verschiedener Kunstrichtungen betrifft, sondern das – etwa bei Gerhard Richter und Sigmar Polke oder in extremer Form bei Georg Jiři Dokoupil – ins einzelne Werk selbst eindringt. Das hat weitreichende Konsequenzen für die Diskussion über die heutige Malerei. Sie läßt sich nicht mehr als Verteidigung einer einzelnen Richtung oder eines einzelnen Stils führen. Die Situation der Kunst wird vielgestaltig, sie bildet Fluchtlinien, Filiationen, Abzweigungen: Ein Patchwork von Möglichkeiten entsteht.

Ein Beleg dafür ist die Situation der westdeutschen Malerei der Gegenwart. Zwei Generationen treffen hier aufeinander. Daß beide jetzt gleichzeitig betrachtet werden müssen, resultiert aus der Tatsache, daß es gerade die junge Generation war, die seit dem Beginn der 80er Jahre die Frage nach der Malerei wieder ins Zentrum rückt: Der Elan der 25- bis 35-jährigen Künstler schuf die Voraussetzung dafür, daß nun die Malerei wieder auf breiter Ebene diskutiert werden kann.

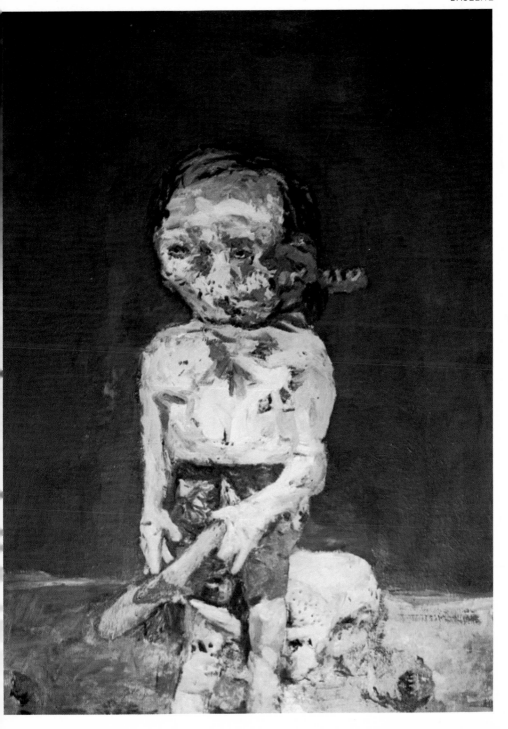

2   Georg Baselitz. Die Mädchen von Olmo. 1981

◁ 1   Georg Baselitz. Die große Nacht im Eimer. 1962/63

3 Jörg Immendorff. Café Deutschland I. 1977/78

4 Jörg Immendorff. Naht. 1981

5   Markus Lüpertz. Schwarz-Rot-Gold – dithyrambisch. 1974

6 Markus Lüpertz. Alice im Wunderland (»Du weißt nicht viel«, versetzte die Herzogin . . .). 1981

7   Gerhard Richter. Verkündigung nach Tizian. 1973
8   Gerhard Richter. Landschaft mit kleiner Brücke. 1969

9   Gerhard Richter. Vermalung. 1972

10   Gerhard Richter. 4096 Farben. 1974

11   Gerhard Richter. Abstraktes Bild. 1982

12   Gotthard Graubner. Farbraumkörper – dharma III. 1977

13   Palermo. Ohne Titel (Stoffbild in zwei Blautönen). 1970 ▷

14   A. R. Penck. Der Übergang. 1963

15   A. R. Penck. Der Übergang. 1980

16   A. R. Penck. Standart. 1971

17   Anselm Kiefer. Resumptio. 1974

18   Anselm Kiefer. Wege der Weltweisheit. 1976/77

19 Anselm Kiefer. Märkische Heide. 1974

20 Anselm Kiefer. Die Meistersinger. 1982

22 Sigmar Polke. Ohne Titel (Stoffbild, zwei Teile). 1971/73
21 Sigmar Polke. Why Can't I Stop Smoking? 1964
23 Sigmar Polke. Ohne Titel (Stoffbild). 1981

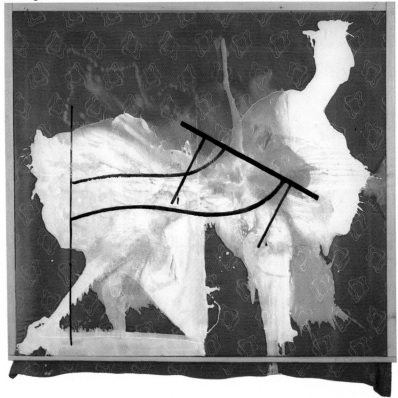

24 K. H. Hödicke. Die Schöne und das Biest. 1979

Malerei als Malerei

Die knappe Einleitungsskizze macht es deutlich: Wenn wir heute die Malerei betrachten wollen, so können wir dies nur aus einem Nebeneinander von Blickwinkeln tun. Einer dieser Blickwinkel verweist uns auf die Frage, was die »Malerei als Malerei« von anderen malerischen Mitteln unterscheidet und wie sie diese Frage – im Bild – mit ihren eigenen Mitteln zu beantworten vermag. Dabei muß gesehen werden, daß das Thema »Malerei als Malerei« in der Gegenwart gleichsam als Verlängerung einer Problematik erscheint, die der Randposition der Malerei in den vergangenen anderthalb Jahrzehnten entstammt. »Malerei als Malerei« will sich durch sich selbst legitimieren, sie will ihren Daseinsgrund im Bild sichtbar werden lassen. Das Werk von Georg Baselitz, Markus Lüpertz und Gerhard Richter findet hierfür in Deutschland die exemplarischen Positionen. An ihnen läßt sich ein Zentralaspekt der gegenwärtigen Diskussion über Malerei in seiner gesamten Spannbreite erkennen.

Georg Baselitz

Die Wirkung ist verblüffend. Wir sehen ein Bild, das offensichtlich auf dem Kopf hängt (Abb. 5). Ein unbekleidetes Paar, sie sitzt auf dem Bett, er auf einem Stuhl, ein Teppich ist sichtbar, ein Nachttisch, die Wand eines Zimmers. Das sind die Requisiten, die das Bild füllen und die uns »kopfüber« präsentiert werden. Der erste Gedanke beim Betrachten dieses mit vehementem Pinselduktus gemalten Bildes ist der, daß hier offensichtlich ein Gemälde verkehrt herum aufgehängt wurde. Denn nichts in der Darstellung des Sujets weist darauf hin, daß es sich bei dieser Szene etwa um eine halluzinatorische Traumsequenz einer »verkehrten Welt« oder um die Illustrierung der Überlistung der irdischen Schwerkraft handeln könnte.

5 Georg Baselitz. Schlafzimmer (Elke und Georg). 1975. Öl auf Leinwand. 350 × 250 cm. Museum Ludwig, Köln

6   Georg Baselitz. Die großen Freunde. 1965. Öl auf Leinwand. 250 × 300 cm. Slg. Ludwig, Museum moderner Kunst, Wien

Das Bild steht kopf! Ein Verfremdungseffekt ist ins Spiel gebracht worden, der unsere Aufmerksamkeit vom Sujet des Bildes auf das Bild als Gegenstand lenken möchte. Dieses Moment der Verfremdung wird noch verstärkt, wenn wir uns die Malweise genauer ansehen. Im unteren Viertel des Bildes, in der malerischen Schilderung der Zimmerwand, hört die Malerei auf fast rüde Weise auf. Farbspuren werden sichtbar, denen im Zusammenhang mit dem Bildthema plötzlich eine wichtige Bedeutung zukommt. Denn der Verlauf des Farbflusses dokumentiert, daß das

Bild nicht »richtig herum« gemalt und dann um 180° gedreht wurde, sondern daß es offensichtlich schon von vornherein »auf dem Kopf« konzipiert war.

Diese Erkenntnis verstärkt unsere Verblüffung. Zugleich aber erzeugt sie ein Moment der Beruhigung. Denn fühlten wir uns beim ersten Betrachten gleichsam vergewaltigt – weil unser natürlicher Blick auf die Wirklichkeit und auf die Bilder, die diese Wirklichkeit entsprechend zeigen, betrogen wurde –, so lassen wir uns nun auf das Bild ein, ohne immer wieder eine Art »Umkehrung« erzeugen zu wollen, die es »richtig herum« zeigt. Wir entdecken, daß hier eine Malerei vorgeführt wird, die mit den konventionellen Vorstellungen vom »Bild als Abbild von Wirklichkeit gesehen aus dem Blickwinkel eines bestimmten Temperaments« (Emile Zola) spielt. Wir erkennen, daß das Thema »Elke und Georg im Schlafzimmer« nur eine relative Bedeutung besitzt, weil es einzig und allein als Ausgangspunkt für eine neue Art der Malerei benutzt wird. Diese Einschätzung wird bestätigt, wenn wir uns weitere Bilder des 1938 geborenen Georg Baselitz ansehen.

Bereits die frühen Arbeiten sind gekennzeichnet durch eine Hinwendung zur Gegenständlichkeit. Ihre Bildwelt mit den amorphen Körperteilen in blutiger Fleischlichkeit entspricht dem Geist des 1961 als Manifest zu einer Ausstellung mit E. Schönebeck veröffentlichten ›1. Pandämoniums‹: »In meinen Augen seht ihr den Naturaltar, das Fleischopfer, Speisereste in der Kloakenpfanne, Ausdünstung der Bettlaken, Blüten an Stümpfen und Luftwurzeln . . . Aufmärsche der Epileptiker, Orchestrationen der Aufgeblähten, Warzen-, Brei-Quallenwesen, Körperglieder, Schwellkörperflechtungen, Schimmelteig. Knorpelauswüchse inmitten der öden Landschaft.«[1] Der Text ist Ausdruck einer Zeit, von der sich Baselitz später als »nicht intellektuell, sondern pubertär«[2] distanziert.

Ab Mitte 1965 entstehen die Bilder des »Neuen Typs«: Der Held ist »Hirte, Partisan, Rebell« oder »der versperrte Maler«, dargestellt als »jugendliche männliche Figur . . . die als Zentralfigur das Bild beherrscht, von riesenhaftem Wuchs, betont durch Verkleinerung des Kopfes und Vergrößerung der Hände, die stigmatisiert sind«. Sein Blick ist »ekstatisch, seherisch in die Ferne, die Zukunft gerichtet«, der Körper verharrt in einer Gebärde »der Ergriffenheit, des gewaltlosen Überwältigtseins, des Sich-Ergebens, des Erleidens«.[3]

Höhepunkt dieser Phase ist das Bild ›Die großen Freunde‹ (Abb. 6), dessen Bedeutung für sein Schaffen Baselitz mit einem weiteren Mani-

fest unterstreicht. Die Aufzählung der Eigenschaften seines Bildes zeigt deutlich, was ihn damals an Malerei interessierte bzw. welchen Komponenten er Bedeutung zumaß. Er sagt über das Bild, es sei »gesund und munter, weil es alle Merkmale nicht enthält, die dem widersprächen: Lebkuchenformen, spielerische Tendenzen, Bilderschrift. Üppiges Wuchern, Zuckerbäckerei, schwüles Pathos, komische Groteske, Ohrmuschelstil . . . Verkrüppeltes, Verkümmertes, Fratzenhaftes . . . Mißachtung des Raumes, Kompositionsverlust; linearer, flächiger, bruchstückhafter Unsinn, Zerweichung der Physiognomie«.[4]

Das 1966 einsetzende Zerschneiden der Motive, ihre Fragmentierung und Neuordnung in der Bildfläche bereitet die Sujetumkehrung vor, die seit 1969 eine Konstante in seiner Arbeit bildet. Wir finden seitdem alle Themen seiner Malerei – Bäume, Personen, Adler, Zimmerecken, Gläser, Orangenesser – in stets derselben »verdrehten« Stellung. Wie kam es genau zu diesem Verfahren? In einem Interview erklärte Baselitz: »Zunächst habe ich 1968 die Bilder gemalt mit den Hunden und den Kühen, die sozusagen auf der Leinwand herumflogen, die von oben kamen und von unten, und rauf und runter gingen. Dann habe ich 1969 den ›Mann am Baum abwärts‹ gemalt, auf dem Kopf stehend, wobei der Baum noch in der gewohnten Sehweise gemalt ist und nur die Figur auf dem Kopf steht (Abb. 7). Da gab es sehr viele Deutungen, die mißverständlich waren. Es gibt ja auch Zeichnungen aus dieser Zeit, wo das tatsächlich der Fall ist. Das war also alles nicht so ganz klar gesehen, es ging parallel in der Arbeit. Es ist mir dann klar geworden, was da passierte. Bis ich dann bei dem Bild ›Der Wald‹ ganz spontan und von da an systematisch angefangen habe, die Bilder verkehrt herum zu malen.«[5]

Dieses systematische Vorgehen besitzt durchaus Züge des Didaktischen. Baselitz verunsichert den Betrachter, möchte ihn seine Bilder als Bilder und nicht als Darstellungen sehen lassen. Denn der auf dem Kopf gemalte Gegenstand ist – so Baselitz – »tauglich für die Malerei, weil er so

35

7 Georg Baselitz. Der Mann am Baum. 1969. Öl auf
Leinwand. 250 × 200 cm. Privatbesitz

als Gegenstand untauglich bzw. wertfrei ist. Au-
ßerdem löst diese Methode eine Irritation, einen
Schock aus, sie zeigt eine aggressive Haltung,
die ich als Demonstration für den Ernst meines
Vorgehens gut finde.«[6]
Die Provokation von Schocks und Aggressionen ist ein wichtiger Bestandteil in Baselitz' Malerei seit ihrem Anfang. Im Jahre 1963 provozierte
er mit dem Bild ›Die große Nacht im Eimer‹ (Ft. 1)
in Berlin einen Skandal, der sogar den Staatsan-
walt (Vorwurf der Pornographie und der Obszöni-
tät) beschäftigte. Dabei läßt sich die Arbeit von
Baselitz durchaus als Wiederaufnahme einer vor
allem vom deutschen Expressionismus vertrete-
nen ästhetischen Rebellion gegen die Gesellschaft und die sie prägenden Kunstvorstellungen
sehen. Der Künstler als Bürgerschreck, als Kraft-
mensch, der sich seine eigenen Gesetze gibt,
das ist das Bild, das Baselitz von sich selbst –
auch in seinen Texten – zeichnet. So lautet das

Motto des 1962 verfaßten ›2. Pandämoniums‹:
»Negation ist geniale Gebärde, kein Born der
Verantwortlichkeit.«[7]
Daß diese Haltung trotz ekstatischer Überhöhung, trotz Brachialpathos, zu einer eigenen
Dynamik und Logik strebt, scheint Baselitz durch
die seit 1969 vorgeführte Programmatik der Sujetumkehrung zu belegen. Denn diese bis heute
durchgehaltene Begründung einer »Malerei als
Malerei« hat natürlich längst ihre Schockwirkung
verloren. Deshalb kreist die Diskussion um Baselitz' Bilder schon seit langem um die Frage nach
den Möglichkeiten einer »reinen Malerei«. Rudi
H. Fuchs schreibt 1979 hierzu: »Was auf der
Bildoberfläche als malerischer Vorgang aufge-
führt wird: es ist das, und auch nur das, was zu
sehen ist. Das Bild, als Träger einer völlig künstlerischen Konstruktion, läßt sich erkennen – ohne
Geheimnisse, ohne Verschleierung durch Inhalte. Es sucht keine These zu beweisen; es ist
gemachtes Bild, gemalt ohne Gefühle, ohne
Leidenschaft, mit kühler Distanz. Also ist in Georg Baselitz' Werk das Bild keine Kategorie mit
irgendeinem Wert. Das Bild ist reine Arbeitskate-
gorie: das, worauf Malerei zusammen getragen
wird und sich zeigt: Schauplatz der Malerei und
Argument für Malerei.«[8] (Abb. 8)
Fraglich ist jedoch, ob damit alles über die
Bilder gesagt ist, was es zu sagen gibt, oder ob
nicht die Rubrizierung unter dem Schlagwort
»reine Malerei« ihre Wirkung und auch ihre Problematik auf harmonisierende Weise einebnet.
Denn die Frage stellt sich, ob nicht die »reine
Malerei« eine gleichsam natürliche Affinität zur
abstrakten Kunst besitzt, die von sich aus im Bild
allein die malerischen Beziehungen von Flächen, Formen, Linien, Farben zum Thema haben
kann.
Baselitz weicht dem Schritt in die Abstraktion
seit dem Beginn seiner Arbeit in den frühen 60er
Jahren demonstrativ aus. Seine ersten Werke
lassen sich sogar als bewußte Opposition gegen
die damals vorherrschende Ästhetik der abstrakten Malerei – gegen Informel und Tachismus –
erkennen. Doch indem er vom Figurativen aus

seine Malerei entwickelt, taucht das Problem auf, ob und welche inhaltlichen Aspekte die Gegenstände auf den Bildern vermitteln. Baselitz: »Für mich bestand das Problem darin, keine anekdotischen, deskriptiven Bilder zu schaffen. Andererseits war mir die nebulöse Willkür der Theorie der gegenstandslosen Malerei immer verhaßt. Die Umkehrung des Motivs im Bilde gab mir die Freiheit, mich mit malerischen Problemen auseinanderzusetzen.«[9]

Die Behauptung, die in dieser Erklärung enthalten ist, läuft darauf hinaus, daß die Bindung an die – umgekehrten – Gegenstände im Bild als eine Art formaler Kontrollinstanz fungiert. Dies läßt sich auch als Gleichgültigkeit gegenüber den Sujets interpretieren, als Versuch, einen willkürlichen (thematisch bezogenen) Subjektivismus zu unterlaufen. Der Blick auf die Farbbehandlung in den Bildern von Baselitz bestätigt es: Die Farbe tritt in eine irritierende Relation zum Bildgegenstand, sie behauptet ihre Freiheit dadurch, daß sie die Möglichkeiten einer sinnlichen Wirkung – kalt, warm, hart, weich, ruhig, aggressiv – in einer relativen Unabhängigkeit vom Gegenstand benennt.

Ein schizoides, paradoxes Moment dringt so in die Malerei ein, das fasziniert, zugleich aber ständig in der Gefahr schwebt, durch die Programmatik der Wiederholung zur entleerten Geste zu werden. Deshalb läßt sich die Arbeit von Baselitz auch unter dem Aspekt einer Furcht vor den selbstgewählten Fesseln sehen, die sich etwa in der Vermeidung eines für alle Sujets gleichen Stils ausmachen läßt. Die Legitimation des Bildes als Bild, der »Malerei als Malerei«, die durch das Prinzip der Sujetumkehrung als Form des Widerspruchs mit jedem Werk neu aufgestellt wird, zeigt bei Baselitz bisweilen auch Züge der Erschöpfung, des beliebigen Automatismus. Umschwünge und Neuansätze werden sichtbar, wie sie etwa 1977/1978 in den Bildern zu beobachten sind, die in die Nähe fast abstrakter Zeichenfindungen führen (Abb. 9).

Auch die jüngsten Arbeiten lassen eine deutliche Akzentverschiebung seiner malerischen Programmatik erkennen. Herausgefordert durch die gegenwärtig zu beobachtende breite Wiederkehr der Malerei und die darin zu erkennende Negierung der nun schon tradierten Problematik einer »reinen Malerei« zugunsten von Bilderfindung, zeigen die Bilder eine forcierte Kraft, die sich nicht nur von der Richtigkeit des eigenen Konzepts überzeugen möchte, sondern die das Konzept offensichtlich wieder in eine eher existentielle Dimension überführt.

Bilder wie ›Die Mädchen von Olmo‹ (Ft. 2) lassen wieder eine emphatische Vehemenz erkennen, die deutliche Bezüge aufweist zur deutschen Tradition des Expressionismus oder des Spätwerks von Lovis Corinth und Oskar Kokoschka. Doch nicht nur dieser Rückbezug in der malerischen Haltung läßt die Werke von Baselitz

8 Georg Baselitz. Dreieck zwischen Arm und Rumpf. 1973. Öl auf Leinwand. 250 × 180 cm. Galerie Neuendorf, Hamburg/Galerie Michael Werner, Köln

9 Georg Baselitz. Der Adler. 1978. Öl auf Leinwand. 200 × 162 cm. Galerie Neuendorf, Hamburg/Galerie Michael Werner, Köln

als eine spezifisch deutsche Malerei erscheinen. Auch das hartnäckige Beibehalten einer einzigen Möglichkeit der Selbstthematisierung des eigenen Schaffens scheint in dieser Konsequenz »typisch deutsch« zu sein.

Baselitz arbeitet in seinen Werken mit der Spannung von Disziplin und Freiheit. Er kostet ein Moment der Selbstgefährdung aus, das sein Werk in die Nähe der effekthascherischen »Masche« führen könnte und die das Umkehren des Sujets als reines »Markenzeichen« handeln würde. Dieser Gefahr entgeht Baselitz durch die neuen Impulse, die er immer wieder in sein Konzept einführt. Damit zeigt er, daß die Frage nach der Malerei in der Malerei nur interessant bleibt, wenn sie offen gehalten wird.

Das Bild als Ort der »Malerei als Malerei« weist so über sich selbst hinaus und stellt die Frage nach seiner eigenen Begründung. Damit gelangt der Künstler ins Blickfeld, der die Malerei verant-

wortet, der sie auf sich selbst – seine Biographie, sein Denken und Fühlen – bezieht und der sie zugleich von sich ablöst, indem er sich in der Malerei mitteilend verliert. Einen solchen Ablösungsprozeß können wir in den Arbeiten von Baselitz im Prinzip der Sujetumkehrung erkennen. Die Legitimation der Bilder wird fast völlig auf ein einziges Argument reduziert, dessen malereibezogene Aussage den Künstler weitgehend verschwinden läßt. Auch der obsessionale Aspekt in der immer wieder vorgeführten Sujetumkehrung, die als Hinführung zur reinen Malerei gesehen werden soll, büßt seine anfängliche irritierende Faszination ein und macht den Künstler zu einer eher neutralen Instanz, die sich in der Verwirklichung *eines* möglichen Kunstbegriffs darstellt.

Markus Lüpertz

Einen Gegenpol hierzu bildet das Schaffen des 1941 geborenen Markus Lüpertz, das ebenfalls seit 1964 um die Frage nach der »Malerei als Malerei« kreist. Bei Lüpertz aber rücken weniger die Werke in den Vordergrund als die Person des Künstlers, die die Werke als Beleg einer Haltung beansprucht.

zwitschernd vor kraft
als vogel sonderbar
die dreibeinigkeit des absonderlichen
den buckel des unverstandenen
den alles verstehenden verstand des falsch lie-
    benden verliebten
springmesser gleich
glasklar in einsicht
trübe vor ewigkeit
wußt' ich es immer
mein genie[10]

Lüpertz' Denken und Handeln, seine Aussagen und Selbstdarstellungen kreisen um das Problem des Malers und des Künstlers als des großen Außenseiters, der sich seine Gesetze selbst schafft, der sich elitär von der Gesellschaft abwendet, um sich in der Kunst zu vollenden. Das hat weitreichende Folgen für die Bilder, die diesem Menschenbild entstammen und die geprägt werden von der Wucht des sie legitimierenden Kunstbegriffs. Denn – dies gilt es immer zu berücksichtigen – die Legitimationen der Bilder stehen nicht isoliert in gesamtgesellschaftlichen und kulturellen Zusammenhängen. Haltungen müssen sich behaupten vor dem Hintergrund zeitadäquater Ideen und Vorstellungen, sie müssen ihre Berechtigung erfahrbar machen, Evidenzen aufbauen. Versuchen wir, dies mit dem Blick auf die Arbeit von Markus Lüpertz nachzuvollziehen, so wird uns die Schwierigkeit seines Ansatzes deutlich.

Auf der Suche nach einem gedanklich-emotionalen Konzept für seine Malerei erfindet Lüpertz 1964 – nachdem er zuvor die Möglichkeiten von Konstruktivismus bis Expressionismus durchgespielt hatte – die ›Dithyrambe‹. Hierbei handelt es sich um eine Chiffre für ein Kunstwollen, das seinem »trunkenen, begeisterten« Lebensgefühl entsprechen sollte. Ausgehend von diesem Erleben konkretisiert Lüpertz seine Vorstellungen in visuellen Zeichen, die an imaginäre voluminöse Bildobjekte ohne spezifische Gegenständlichkeit erinnern (Abb. 10). Die Anmutung ist mehrdeutig, eine einfache kompakte Form wird in malerisch freier Weise umschrieben, Spannungen entstehen, die noch verstärkt werden durch die in einer zweiten Phase auftretenden Bindungen der Dithyrambe an traditionelle Sujets: Gesichter, Baumstämme, durchgeschnittene Fische, Spargelfelder. An diesen Vorlagen, die häufig in Bildserien vorgeführt werden, wird ein Zug ins Pathos erkennbar, der den Gegenständen den Duktus einer vereinheitlichend-überhöhenden Malgeste aufzwingt. Der deutlich spürbaren Inhaltsleere versucht Lüpertz seit 1970 mit seiner »Motiv-Malerei« beizukommen, in der er sich bis etwa 1975 mit Sujets auseinandersetzt, die im weitesten Sinne mit »deutscher Ideologie« verknüpft sind. Legt schon das Konzept der Dithyrambe durch den Verweis auf Nietzsche und seine ›Dionysos-Dithyramben‹ die Grundlage für eine Auseinandersetzung mit deutschen Themen und deutschen Denktraditionen, so scheint sie zugleich auch durch Lüpertz' Selbstverständnis geboten.

Ein zentrales Beispiel hierfür ist das 1974 entstandene Bild ›Schwarz-Rot-Gold – dithyrambisch‹ (Ft. 5). Siegfried Gohr schreibt dazu: »Die Figur von ›Schwarz-Rot-Gold‹ ist durch die Malerei in ihrer Ideologie zerstört, aber ihre Psychologie ist erhalten geblieben. Lüpertz erarbeitet aus den Attrappen der vergangenen Symbole eine neue Malerei, die sich zur Geschichte der Malerei so verhält wie die Malerei des beginnenden 20. Jahrhunderts zur Wahrnehmung. ... Gedanklich fixiertes und vereinnahmtes Material wird durch die Malerei befreit für die Schaffung eines Bildes, das die Realität zur Sprache bringt, nicht als Abklatsch, sondern in der Imitation der urtümlichen Beweggründe der Wirklichkeit.«[11]

Es fragt sich, wie die Verlängerungslinien aussehen, die von den »urtümlichen Beweggrün-

10   Markus Lüpertz. Dithyrambe schwebend. 1964. Leimfarbe auf Leinwand. 200 × 195 cm. Galerie Michael Werner, Köln

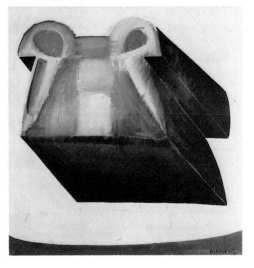

11 Markus Lüpertz. Babylon – dithyrambisch. 1975.
Mischtechnik auf Leinwand. 162 × 130 cm. Galerie
Michael Werner, Köln

12 Markus Lüpertz. Schöne Gegenstände. 1978. Öl und
Mischtechnik auf Leinwand. 162 × 130 cm. Slg. Jung,
Aachen

den« zu den Beweggründen des Malers Lüpertz führen. Daß das Bild ›Schwarz-Rot-Gold – dithyrambisch‹ keine neue Allegorik versucht, daß es auch bei ihm um die Frage nach der Malerei geht, scheint gewiß. Doch zugleich ergibt sich der verunsichernde Aspekt, ob diese Malerei nicht an einer »Psychologie« partizipiert, deren inhaltlich fragwürdige Momente der Haltung des Malers kongruent sind.

Lüpertz beantwortet diese Problematik durch die Bilder, die nach 1975 bewußt die deutschen Motive aufgeben, um zu einer Form der Inhaltsentleerung zu gelangen, die wieder die »Malerei als Malerei« ins Zentrum stellt. Von der »Motiv-Malerei« findet er zur »Stil-Malerei«, zu einer Bildlegitimation, in der die Malerei »befreit von der Fessel der Geschichte der Motive«[12], ihre eigenen Möglichkeiten zum Thema nimmt. Assoziieren die Bilder dabei zum einen immer noch

vorstellbare Gegenständlichkeiten, Hochhäuser (Abb. 11) oder ›Mann im Anzug‹, so finden andere zu einer imaginären Wirklichkeit, die ›Schöne Gegenstände‹ (Abb. 12) oder auch ›Bilder zur Erschaffung der Erde‹ entwerfen. An die Stelle der Bilder als Herrschaftszeichen, die auf subtile Weise an der Macht partizipieren, die sie – malerisch – zersetzen wollen, treten nun in sich widersprüchliche Bildfindungen, die durchgängig vom Bildraum als einer imaginären Bühne ausgehen. Formen, Flächen, Lineaturen, grafische Muster werden auf dieser Bühne arrangiert und in neuen Zusammenstellungen variiert.

Die Titel der Bilder fügen dem die sowohl malerische wie thematische Begründung hinzu: ›Stil: Der Tod des Fischers‹, ›Stil: Euridike‹, ›Stil: Der Tod und der Sänger‹ ... Der Bildaufbau tendiert zunehmend zum flächigen Addieren von Bildelementen. Ein stark dekorativer Aspekt von

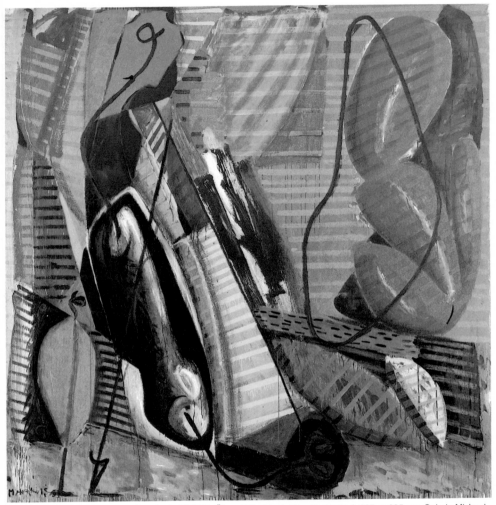

13 Markus Lüpertz. Amor und Psyche I. 1978/79. Öl und Mischtechnik auf Leinwand. 285 × 285 cm. Galerie Michael
    Werner, Köln

Lüpertz' Malerei – nicht frei von einer gewissen
formalen, Virtuosität durchspielenden Glätte –
tritt an die Stelle des Pathos der frühen Jahre.

Dies gilt – irritierenderweise – selbst für die
Werke, die sich in der jüngsten Vergangenheit
wieder mit »deutschen Themen« auseinandersetzen, z. B. die Serie ›Faschismus‹ von 1980 mit

den Bildern ›Eva‹, ›Gas‹, ›Haus der Kunst‹,
›Manifest‹, ›Widerstand‹.

Wie eine Überwindung dieser Problematik wirken jene Bilder, in denen sich Lüpertz in jüngster
Zeit einem literarischen Sujet anvertraut. In einer
Bildfolge zu Lewis Carrolls ›Alice im Wunderland‹ tauchen halluzinatorische Formfindungen

41

auf, die zwar auf literarische Motive verweisen, ohne jedoch zur anekdotischen Illustration zu werden (Ft. 6). Indem Lüpertz die paradoxe »Psychologie« seiner absurd-grotesken Vorlage malerisch weiterführt, erobert er sich neue Momente der Bildbegründung, die über die Behauptung der »Malerei als Malerei« (Lüpertz: »Ich bin ein abstrakter Maler!«[13]) hinausführen. Zugleich relativieren diese Bilder die brillante Rhetorik des Malerpathos, die so oft aus Lüpertz' Bildern spricht. Züge der Gebrochenheit werden sichtbar, Affizierungen, die einer Sensibilität entstammen, die Lüpertz sonst durchgängig verbirgt.

Die im Werk von Lüpertz so häufig vorkommenden Sujetwiederholungen, die ein Thema in mehreren Varianten vorführen, lassen sich als Bedeutungsentleerung der Themen lesen (es geht um die Bilder als Malerei), aber auch als Neutralisierung der Beziehung des Künstlers zum Bild. Nicht die Themen sind der Grund für die Bilder, sondern die Spielräume und Möglichkeiten ihrer malerischen Bewältigung. Malerei will sich als Malerei behaupten, zugleich aber soll sie der Ort der existentiellen Selbstverwirklichung des Malers sein. Der Künstler taucht auf als exemplarischer Sprecher. Und da er für sein Sprechen die Malerei als Medium benutzt, sind es weniger die Inhalte, die seine Botschaft übermitteln sollen, als die Malerei selbst.

Mit dem Blick auf eine Bildfolge von 1978/79, die den Mythos von ›Amor und Psyche‹ aufgreift (Abb. 13), schreibt Siegfried Gohr: »Die Sehnsucht nach der Vereinigung der Gegensätze, in der menschlichen Psyche begründet, ist Thema der zuletzt entstandenen Werke von Markus Lüpertz. Auf der Suche nach einer möglichen Substanz der Formen und nach dem Rückhalt für eine Veränderung der Geschichte des Menschen in Richtung auf eine Geschichte der Selbstverwirklichung seines Wesens stößt Markus Lüpertz auch in der Malerei auf die Kräfte der Metamorphose und des Übergangs, hier als Übergang von Fläche zu Raum, jenen Punkt, wo sich die grenzüberschreitende Kraft der Kunst manifestieren muß.«[14]

Damit aber läßt sich mit dem Blick auf das Bild als Ort der Selbstverwirklichung des Künstlers erkennen, daß diese »Malerei als Malerei« nur dann zu überzeugen vermag, wenn sie über die Eitelkeit und Egozentrik des sich selbst feiernden Künstlers hinausgelangt, wenn in die Selbstausstellung des Malers ein Moment des Selbstvergessens einfließt.

Gerhard Richter

Kaum ein größerer Gegensatz läßt sich zu den Bildvorstellungen von Georg Baselitz und Markus Lüpertz denken als jener, der sich im Werk des 1932 geborenen Malers Gerhard Richter manifestiert. Und doch können wir eine grundlegende Gemeinsamkeit zwischen diesen Künstlern feststellen, wenn wir uns den Intentionen ihrer Arbeiten zuwenden. Auch bei Richter geht es in der Malerei um die Frage nach der Malerei, doch leiten sich seine Antworten aus einer grundlegend anderen Denkweise her.

Für Richter steht am Beginn seines Schaffens – ab 1962 – ein durchaus analytischer Aspekt, der die gemalten Bilder in den Kontext anderer Bilder stellt: Die öffentlichen Bilder der Zeitungen und Illustrierten oder die massenhaft hergestellten Amateurfotos verkörpern für ihn einen vermittelten Bildfundus, der unsere Vorstellungen einflußreicher prägt als die originalen/originellen Bilderfindungen der Maler. Vor dem Hintergrund des sozialen Kontextes dieses Bildmaterials werden derartige ›gefundene Bilder‹ bei Richter zum Thema eines ›Kapitalistischen Realismus‹, der die von den Warenstrukturen geprägte Wirklichkeit in die Wirklichkeit der Malerei als Ware umsetzt.

Das eigentliche Thema in Richters Arbeit seit 1962 bildet die Möglichkeit von Malerei, eine Fragestellung, die – wie etwa in den Farbtafeln (Ft. 10), den monochromen grauen Bildern von 1973 (Abb. 18), den durchsichtigen Glasscheiben von 1967, den großformatigen Spiegeln (als

14   Gerhard Richter. 2 Spiegel. 1981. Spiegelglas auf Holz. Je 225 × 318 cm. Galerie Konrad Fischer, Düsseldorf

Bilder) von 1981 (Abb. 14) – immer auch den Aspekt der Unmöglichkeit enthält.

Warum malen, wenn es die Wirklichkeit als Abbild in der Fotografie schon gibt? Dies war der Ausgangspunkt für die früheren Arbeiten Richters, deren Malweise und Reduzierung auf Schwarz-Weiß- und Grautöne unmittelbar die Assoziation an die jeweils benutzte Fotovorlage hervorruft. So wirkt das Bild ›Familie Schmidt‹ nicht wie ein der Wirklichkeit abgesehenes Familienporträt, sondern eindeutig als Umsetzung eines Foto-Schnappschusses in das Medium Malerei (Abb. 15). Indem das Foto als Vorlage erkennbar bleibt, wird das Problem der Bildver-

mittlung der Wirklichkeit evident. Die Malerei bezieht sich auf die »Wirklichkeit Foto« und benutzt Momente von deren Ästhetik. Die im Foto durch Technik herstellbare Unschärfe erscheint in der Malerei als Darstellungsprinzip und erhält hierdurch eine malerische Aussage. So entsteht nicht der Eindruck einer mimetischen Nachahmung des Fotos, sondern der eines spielerischen Umgangs mit dem, was es zeigt. Als »Re-Auratisierung« ist dieser Vorgang bezeichnet worden, als Schaffung einer Aura, die das Foto durch die Malerei erhält. Dem Foto selbst fehlt diese Aura. Als technisch hergestelltes Produkt ist es nicht – wie das Gemälde – im wörtli-

43

15 Gerhard Richter. Familie Schmidt. 1964. Öl auf Leinwand. 125 × 135 cm. Slg. Gerhard und Elisabeth
Sohst, Hamburg

16 Gerhard Richter. Madrid. 1968. Öl auf Leinwand.
277 × 292 cm. Slg. Reinhard Onnasch, Berlin

chen Sinne »einmalig«, sondern beliebig oft her-
zustellen, an jedem Ort, zu jeder Zeit.

Richters Umgang mit Fotos läßt nicht den
Eindruck eines präzis nachahmenden Fotorealismus entstehen, wie er um 1972 Mode wird.
Dies hängt mit dem Duktus der Pinselführung in
Richters Bildern zusammen, der den »Fotos«
eine Unschärfe gibt, die sie selbst nie besaßen.
Diese Unschärfe, die wie eine Verwischung
wirkt, läßt sich an die Themen der Bilder koppeln.
Indem das Bild als Abbild eines Abbildes der
Wirklichkeit seine eigene Herstellung – das Malen – sichtbar macht, findet die Auseinandersetzung mit der Malerei gleichsam oberhalb der
beiden Bildaspekte (Foto; gemaltes Bild) statt.
Dabei werden die einzelnen Sujets weitgehend
unwichtig, weil – entsprechend dem technischen
»Blick der Kamera« – auch die Malerei keine
»überhöhende Bedeutung« der Sujets kennt. Wir
finden Bildvorlagen aus den verschiedensten
Lebens- und Medienbereichen: Tische, Trock-
ner, eine Sekretärin, eine Kuh, eine ägyptische
Landschaft, Familie E. am Meer...

Die in den Bildern zu entdeckende Alltagswirklichkeit läßt sich durchaus in die Nähe der zeit-

gleichen Pop Art rücken. Bei Richter wirkt sie
jedoch kritisch distanziert, durch einen Blick gefil-
tert, der immer wieder »das Bild als Bild« als Ort
einer visuellen Illusion aufscheinen läßt. Dieser
Blick bleibt in der Folgezeit am einzelnen Sujet
haften und führt zu Bildfolgen, in denen ein
Thema unzählige Male vorgezeigt wird: Alpen,
Städte (Abb. 16), Wolken (Abb. 17), Landschaften (Ft. 8) fügen sich zu einem enzyklopädischen
Panorama, das auch in einer Sammlung der
Fotovorlagen – dem ›Atlas‹ – von Richter dokumentiert wird.[15]

War am Anfang die Malerei von Richter aus-
schließlich in verwischten Grautönen gehalten
(das erste »bunte« Bild – quasi ein Vorgriff – ist
›Emma – Akt auf einer Treppe‹ von 1966), so
findet er ab 1968 zur Farbe, die jedoch sogleich
als neues Thema der Malerei – abstrakt theore-
tisch – aufgegriffen wird. Richter malt Farbtafeln,
die ihr Vorbild in Farbmusterkarten der Farbenfa-
briken besitzen, und die nichts anderes präsen-
tieren als ihre eigene Tatsächlichkeit. Doch
ebenso wie bei der Foto-Malerei weisen die
Farbtafeln auf sich selbst als Möglichkeit von
Malerei zurück. Sie zeigen eine radikale inhaltli-

che Entleerung des Bildes: das Bild als (zweidimensionaler) Ort der Farbe (Ft. 10). Wie ein psychisch affizierter Gegenpol zu dieser analytischen Malerei wirken die Bilder, die seit 1967 erotische Vorlagen benutzen, um einen Sinnenreiz zu provozieren, dessen »Nähe« jedoch sogleich durch den Aspekt der »Foto-Verwischung« wieder zurückgenommen wird. Das ablesbare Moment der »Malerei als Malerei« raubt dem Sujet die Eindeutigkeit, das Thema Malerei überdeckt die erotische Ansprache. Verunsicherungen entstehen, die zunehmend als Prinzip der Richterschen Malerei gesehen werden können. So spielen seine Arbeiten, die sich mit räumlichen Beziehungen auseinandersetzen – 1967 ›Türen‹ und ›Wellblech‹, 1968 ›Fenster‹ und ›Schattenbilder‹ – mit der Problematik der Zweidimensionalität der Bildfläche und dem dreidimensionalen Raumerleben. Das Bild wird zur

Ent-Täuschung über die Täuschung, daß es Wirklichkeit repräsentieren könnte. Es bietet vom Sujet her keinerlei festen Halt, was in der Verlängerung bedeutet, daß auch sein Anlaß, eine endgültige Aussage über Malerei machen zu wollen, hinfällig wird.

Wie ein Kollaps – gleichzeitig aber auch wie eine Summe – muten dementsprechend die Bilder an, die Richter 1973 folgen läßt: Einfarbig graue Bilder, gleichmäßig gerollt, mit verschiedenem Pinselduktus oder den Fingern gemalt, thematisieren lapidar und eher beiläufig den Farbauftrag (Abb. 18). Andererseits kann »Bedeutungslosigkeit« kaum sichtbarer vorgeführt werden. Ein depressiver Zug in Richters Malerei, der sich in seinen Arbeiten so oft mit einer spröden Raffinesse paart, wird hier bestimmend, ohne daß dies jedoch als allein existentiell-emotionale Aussage interpretiert werden könnte. Vielmehr

17 Gerhard Richter. Wolke. 1970. Öl auf Leinwand. 200 × 300 cm. Museum Ottawa

18 Gerhard Richter. Grau. 1973. Öl auf Leinwand. 300 × 250 cm. Nationalgalerie Berlin

19 Gerhard Richter. Franz Kafka (aus: 48 Porträts). 1971/72. Öl auf Leinwand. 70 × 55 cm. Museum Ludwig, Köln

überspielen die Bilder vor dem Hintergrund ihrer Vorläufer eine allein psychische Ausstrahlung und verweisen – ähnlich wie die Farbtafeln – eben auch auf das Thema Malerei. Johannes Cladders: »Es [das Grau] bindet sich nicht an ein – wenn auch noch so belangloses – Sujet, und es spaltet sich nicht deutlich in seine Komponenten Schwarz und Weiß auf, wie in den anderen Bildern der Grau-Skala. Es transportiert keine fremden Bezüge. Es bringt nur sich selbst ins Bild. – Bild, verstanden als das Gemachte, dem das Machen vorausgeht, ehe es seine endgültige und eigenständige Wirklichkeit gewinnt. Der Malvorgang, das Tun ist Richter wichtig.«[16]

Die ›Grauen Bilder‹ von Gerhard Richter bilden einen Grenzpunkt in der modernen Malerei. Obwohl an ihnen die Spuren ihrer Entstehung in der gestischen Farbbehandlung oder der Oberflächenstrukturierung (als scheinbare Garanten einer psychischen Botschaft) erkennbar sind, verweigern sie jegliche sie überschreitende Be-

deutungsaufladung. Dies gilt – mit Einschränkungen – für sämtliche Arbeiten Richters, die unter dem Stichwort ›Abstrakte Bilder‹ seit 1968 entstehen. Die zum Teil stark farbigen Schlingen- und Schlierenbilder besitzen – trotz der Heftigkeit der Farbspuren – eine eigentümliche Emotionslosigkeit, die sie abhebt von jeder subjektivistischen Begründung ihrer Entstehung (Ft. 9).

Was für die abstrakte Malerei so häufig als Legitimation genannt wird – die Rückführung der gestischen Bildzeichen auf den unmittelbaren, unkontrollierten Selbstausdruck des Künstlers – taucht in Richters Arbeiten gleichsam nur im Zitat auf. Die kühle Perfektion erzeugt einen eher technischen Eindruck, der etwa in der »Vergrößerung« eines Pinselstrichs auf das wandfüllende Format von 20 Metern ins Monumentale gesteigert wird (›Strich‹. 1980. Börde-Schule, Soest). Richters Bilder sind keine distanzlosen Selbstmitteilungen, keine hemmungslosen Bekenntnisse, sondern Erkundungen eines labilen

Gleichgewichts zwischen einem emotionalen Ausdruckswollen und einer rationalen Kontrolle der jeweils zur Verfügung stehenden Mittel und Möglichkeiten. So werden sie – trotz des stets sichtbaren Bezugs zur Person des Künstlers – zu Analysen von Einzelaspekten der Malerei, die von immer neuen Perspektiven aus unternommen werden.

Dies gilt auch für Richters Paraphrasen über Tizians ›Verkündigung‹ von 1973 (Ft. 7). Indem er die Vorlagen nach Diaprojektionen abmalt, welche zunehmend unschärfer eingestellt werden bis nur noch Farbflächen entstehen, ignoriert er zum einen die Thematik der Vorlage, zum anderen interpretiert er sie neu. ›Die Verkündigung‹ wird zum Bildanlaß für seine Sicht der Malerei, doch diese Sicht verbindet sich auf mehrdeutige Weise mit dem Thema. »Verkündet« wird eine Malerei, deren zunehmende Abstraktheit mit dem Geheimnis der Verkündigung korrespondiert. Daß das Bild hierdurch nicht wie ein »Zeichen des Glaubens« wirkt, hängt wieder mit jenem technischen Moment zusammen, das an den Bildern als Herstellungsprozeß zu erkennen ist. Auch hier zeigt sich sein irritierend neutrales Interesse an der Malerei, zu dem Richter formulierte: »Ich verfolge keine Absichten, kein System, keine Richtung. Ich habe kein Programm, keinen Stil, kein Anliegen. Ich halte nichts von fachlichen Problemen, von Arbeitsthemen, von Variationen bis zur Meisterschaft. – Ich fliehe jeder Festlegung, ich weiß nicht, was ich will, ich bin inkonsequent, gleichgültig, passiv; ich mag das Unbestimmbare und Uferlose und die fortwährende Unsicherheit.«[17] Doch dahinter steht zugleich ein Anliegen, das immer wieder zur Malerei herausfordert, weil es für den Prozeß des Malens stets neue Ansätze entdeckt. Für Richter gilt es, »zu probieren, was mit Malerei zu machen ist; wie ich heute malen kann und vor allem was. Oder anders gesagt: der ständige Versuch mir ein Bild zu machen von dem, was los ist.«[18]

Daß dieser Versuch keine endgültige Antwort findet, davon sprechen Richters Bilder. Auch wenn im Nebeneinander der verschiedenen Malanlässe – ›Abstrakte Bilder‹ (Ft. 9) entstehen unmittelbar neben ›Landschaften‹ oder ›Porträts‹ (Abb. 19) – sich eine Antwort »oberhalb« der Bilder abzeichnet, bleibt dennoch diese Antwort offen, die Malerei Schein. Das hat nichts mit Illusion, Betrug, Täuschung zu tun, sondern damit, daß es neben den vielen Gründen *für* die Malerei keinen *gegen* sie gibt.

Gerhard Richter: »Malerei ist die Schaffung einer Analogie zum Unanschaulichen und Unverständlichen, das auf diese Weise Gestalt annehmen und verfügbar werden soll. Deshalb sind gute Bilder auch unverständlich. (. . .) ›Nicht verständlich‹ ist einmal ›nicht verbrauchbar‹, also wesentlich, zum anderen meint es Analogie zu dem, was grundsätzlich über unser Verständnis hinausgeht, auf das wir mit unserem Verständnis schließen können.«[19]

Die abstrakten Bilder, die Richter gegenwärtig malt, sind der visuelle Beleg für diese Aussage (Ft. 11). Keinesfalls können wir sie als Zeugnisse eines zeitgenössischen ›Abstrakten Expressionismus‹ sehen, denn dessen Fundierung in der Psychologie würde den Bildern eine Eindeutigkeit geben, die Richter gezielt vermeidet. »Es sind also weder Gefühle noch Gedanken, die von diesen Bildern illustriert werden, sondern es werden Wahrnehmungen angeregt, die aber durch das Gefühl oder die Empfindung bestimmt sind. . . . Alles ist aus der Farbe und ihren unterschiedlichen malerischen Aufträgen entwickelt. Die Farbe lebt und pulsiert in ihrer ganzen Skala, von greller Buntheit bis zu subtilsten Abstufungen, von der aggressiven Präsenz pastoser Farbmasse bis zum Schein einer farbigen Stimmung. Nirgends ist sie durch abgegrenzte Formen eingeengt. Im Gegenteil schafft Richter subtile Übergänge zwischen zwei Farben und läßt sie, wenn er die Farbmaterie pastos aufträgt, mittels Flecken unsystematisch ineinander übergehen. Dadurch ergibt sich der Charakter des Durchgemalten jedes Bildes, des Uneindeutigen von Hintergrund und Vordergrund, von dominantem und zweitrangigem Farbton, von Statik und Bewegung oder von Nah- und Fernsicht.« (Heribert Heere)[20]

Eine Malerei der Ambivalenz also, deren fehlender psychischer Eindeutigkeit das Fehlen einer benennbaren Weltanschauung, wie wir sie etwa bei Malewitsch oder Mondrian finden, entspricht, zugleich aber beschränkt sie sich auch nicht auf ihren eigenen Selbstverweis. Richters Malerei ist keine konkrete Malerei, deren Mittel identisch mit ihrem Ausdruck werden sollen. Gerhard Richter: »Es gibt keine Farbe auf Leinwand, die nur sich selber meint und nichts darüber hinaus –, sonst wäre das ›Schwarze Quadrat‹ (von Malewitsch) nur ein blöder Anstrich.«[21]

»Malerei als Malerei«, die über sich selbst hinausführt, In diesem Aufzeigen ihrer Überschreitungen liegt die Bedeutung der Bilder von Georg Baselitz, Markus Lüpertz und Gerhard Richter in der Gegenwart. Ihre Arbeit stellt die Frage nach den Möglichkeiten der Malerei in einer Epoche, die immer wieder vom Ende der Malerei spricht, weil die Gründe für sie stets neu erkämpft werden müssen.

Abstrakte Positionen

Daß in der gegenwärtigen deutschen Kunst die »Malerei als Malerei« eines ihrer Zentren bildet, ist natürlich kein Zufall. Seitdem die Malerei sich selbst – im positiven Sinne – »frag-würdig« wurde, seitdem sie nach der Problematisierung des Bildes als realistischem Abbild gesehener Wirklichkeit – seit dem Nachimpressionismus also und vor allem natürlich seit dem Kubismus – im Bild die Frage nach seinen eigenen Bedingungen stellte, ist das Thema »Malerei als Malerei« aktuell. Jedes Bild behauptet dementsprechend seinen Platz in der Kunst gegenüber anderen Möglichkeiten, jedes Bild will seine Rechtfertigung als Notwendigkeit verstanden wissen. Dabei zeigen sich wandelnde Interessenfixierungen, die immer wieder neue Schwerpunkte ins Gespräch bringen.

In der Gegenwart etwa können wir als solche Schwerpunkte zum einen die Frage nach der Malerei ausmachen, zum anderen die Suche nach der Beziehung zwischen der Subjektivität des Künstlers und dem, was das Bild zeigt. Deutlich wird dabei eine Bevorzugung figurativer Bilder. Die Malerei findet ihre Themen durch Bezüge zur gesehenen oder vorgestellten Dingwelt, die sie durch Verfremdung und Interpretationen umdeutet. Sie verwandelt sie zu Elementen einer Thematisierung der Malerei oder zu Bildchiffren von Bildwelten subjektiver Prägung.

Diese Hinwendung zur Figuration, die deutlich im Vordergrund der heutigen Malerei steht, entwirft Spannungen und Differenzen zu anderen Möglichkeiten der Bildbegründung. Zum einen existiert als ein Gegenpol die abstrakte Malerei, zum anderen müssen wir die realistischen Tendenzen in der bildenden Kunst als ihren Antipoden sehen. Beide Gegenpole, der abstrakte wie der realistische, waren für die Diskussionen über Malerei in den 70er Jahren von entscheidender Bedeutung. Wenn sie nun stärker aus dem Blickfeld geraten, so deutet sich hierin ein verändertes Interesse an der Kunst an.

Das Thema der abstrakten Malerei tauchte schon bei der Darstellung des Werks von Georg Baselitz, Markus Lüpertz und Gerhard Richter auf. Sowohl Baselitz wie Lüpertz haben mehrfach behauptet, daß sie eigentlich »abstrakte Maler«[1] seien, was mit dem Blick auf ihre figurativen Bilder natürlich nur bedeuten kann, daß sie die Malerei – ähnlich wie ein abstrakter Maler – vor allem als eine Auseinandersetzung mit Formen, Linien und Farben, mit den Möglichkeiten des Malens als einem Akt der Bildfindung betrachten. Wird hier »abstrakt« als Metapher gebraucht, so finden wir bei Gerhard Richter wirklich abstrakte Bilder, die in seinem Œuvre immer wieder auftauchen und unmittelbar neben oder zwischen »gegenständlichen« Bildern entstehen. Diese Tatsache der parallelen Entstehung scheint ein wichtiger Hinweis darauf zu sein, daß Richter nicht auf der Suche nach *einer* Begründung für Malerei ist, sondern nach einer Vielzahl von Begründungen. Damit aber gibt es in seinem Schaffen eine irritierende Relativierung der einzelnen Aspekte, deren Ablösung jedoch nicht als Bruch erscheint, sondern als eine Art von Perspektivenwechsel.

Gerhard Richters abstrakte Bilder besitzen im Hinblick auf die Tradition der abstrakten Malerei – wie sie im 20. Jahrhundert mit den Hinweisen

20 Dieter Krieg. Ohne Titel. 1976/77. Acryl auf Papier. 210 × 490 cm. Privatbesitz

auf Kandinsky, Arp, Malewitsch, Mondrian, De Kooning, Pollock oder Wols evoziert werden kann – eine subversive Kraft. Denn indem er sich auf diese Möglichkeit der Bildbegründung in den verschiedensten Formulierungen einläßt, verunsichert er zugleich deren Gültigkeit. Die einfarbig ›Grauen Bilder‹ (Abb. 18), die Farbtafeln (Ft. 10), die Schlierenbilder (Ft. 9) oder die gegenwärtig entstehenden Tachismus-Zitate (Ft. 11) zeigen und entkräften einen der Gründe, die im 20. Jahrhundert zur Abstraktion führten. Seit Kandinskys erstem abstrakten Aquarell von 1910 kann gelten, daß die von der Abbildung einer realen oder imaginierten Wirklichkeit befreiten Bilder zur Projektionsfläche eines psychischen Erlebens werden, das sich sowohl auf den Akt des Malens wie auf die Selbstmitteilung des Künstlers bezieht.

Diese Begründung der abstrakten Kunst finden wir in Deutschland in den verschiedensten Varianten wieder. So lassen sich etwa in der Gegenwart die Arbeiten von Dieter Krieg und Walter Stöhrer als Belege für eine Haltung begreifen, die in der unmittelbaren Umsetzung von Erlebnismomenten zu Bildern mit automatistischen und skripturalen Zeichen führen. Dahinter steht eine Tradition, die das Malen als psycho-grammatische Niederschrift von momentanen Selbsterfahrungen sieht. Im Bild will sich der Künstler entdecken und mitteilen. Eine extrem subjektive Problematik taucht auf, die jedoch zugleich zur Überwindung der Einengungen der bürgerlichen Subjektivität führen soll. Die Hingabe an einen malerischen Automatismus entdeckt Bereiche des Unbewußten, die sich in den abstrakten Konfigurationen von Linien, Flächen, Farben manifestieren.

Daß dies in der Gegenwart seine Schwierigkeiten besitzt, zeigt zum Beispiel die Arbeit des 1937 geborenen Dieter Krieg (Abb. 20). In seinem Biennale-Beitrag von 1978 versuchte er eine Malerei »in kritischer Distanz zu Merkmalen zeitgenössischer Kunst«[2]. Jürgen Morschel schreibt dazu in seinem Katalogbeitrag: »Jeweils zwei oder drei große Bogen Papier, die grob, fast nachlässig, zusammengesteckt sind, bilden diesen Malgrund, über den sich die Malerei dann ausbreitet, im buchstäblichen wie auch im übertragenen Wortsinn ›hinwegsetzt‹. Die absichtsvolle Sorglosigkeit gegenüber dem Träger des Bildes ist ein wesentliches Moment dieser neuen Arbeiten: Die Dimensionen ergeben sich unmittelbar aus der malerischen Aktion, sind nicht mehr durch die Maße des Malgrundes vorbestimmt – die Malerei ist sozusagen größer (mehr) als das Bild. Und sie entsteht nicht nur aus dem Kopf, dem Gedanken, sondern auch (wieder) aus der Bewegung des Armes, des ganzen Körpers: Die Spontaneität des Action painting, des Abstrakten Expressionismus scheint da wieder aufgegriffen zu sein, gewinnt aber nun eine ganz andere Bedeutung: Die Kraft, die sich im Action painting in heftigen Gesten äußerte und erschöpfte, ganz leidenschaftlicher Ausdruck, psychisch-physische Entladung war, wird hier zugleich wirkende, etwas bewirkende Kraft. Indem Farbe auf verschiedene Grund-Stücke gebracht wird, kann sich die Malerei nicht auf eine vorgegebene Einheit verlassen, muß sie diese Einheit erst selbst herstellen; da der Malgrund stets als ein sozusagen behelfsmäßig zusammengestückter erkennbar bleibt, andererseits sich stets eine optische Einheit der Malerei ergibt, scheint diese Malerei sich in eigentümlicher Freiheit, Selbständigkeit gegenüber dem Malgrund, gegen alle vorgegebenen Bildbedingungen zu behaupten.«[3]

21   Winfred Gaul. 15–76. 1976. Polymer auf Leinwand.
      180 × 180 cm

Konzeptionelle Malerei

Die gestisch-körperliche Begründung der Malerei bildet gegenwärtig den einen Pol der abstrakten Kunst. Den anderen stellen die aus den 60er Jahren stammenden Verlängerungen der Geometrischen Abstraktion dar, wie wir sie bei Georg Pfahler und Günter Fruhtrunk finden. Aus dem Ungenügen an den dabei im Laufe der Zeit aufgetretenen automatisierten Bildeinfällen entwickelte Winfred Gaul seit dem Anfang der 70er Jahre eine analytische Malerei, die sich auf die Bedingungen von Malerei bezieht:»Soweit Malerei uns geschichtlich überliefert ist, basiert sie auf 4 Elementen: der Zeichnung, der Farbe, den Malinstrumenten (mit deren Hilfe Malerei sich vollzieht) und dem Malgrund (auf dem Malerei sich vollzieht).«[4] Daraus folgert Gaul:»Die Materialien, die Instrumente und der Malprozeß sind das eigentliche Thema der Malerei, und sie definieren, wie Malerei aussieht.«[5] Ein solcher Malereibegriff ermöglicht:»Bilder, die nicht für anderes mehr repräsentativ sind. Sie meinen nichts anderes, als auf ihnen zu sehen ist, sie meinen nichts anderes als sich selbst. Sie bilden ein in sich geschlossenes System.« (Karlheinz Nowald)[6] Als Zeichen einer ›Geplanten Malerei‹[7] versuchen Gauls Werke visuelle Tautologien vor dem Hintergrund eines Kunstkontextes, der dies legitimiert (Abb. 21).

Ein anderer Zweig der abstrakten Malerei geht von Wahrnehmungsphänomenen aus und arbeitet mit visuellen Verunsicherungen. Bei Kuno Gonschior, Raimund Girke, Rupprecht Geiger finden wir optische Flimmereffekte, Unschärfen, Farbsensationen, die das Bild als kompakten Farbträger auflösen und in einen vagen Farbraum führen.

Indem hiermit nichts Inhaltliches oder Thematisches belegt werden soll, führen diese »konzeptionellen« Werke eine visuelle Identität vor, über die der Maler/Theoretiker Reimer Jochims schreibt:»Es gibt im technischen Zeitalter keine gegenständlichen Lebenssymbole mehr wie im vorindustriellen Zeitalter mit seiner Mythisierung des Menschen oder exponierter Formen der Natur. Konzeptionelle Bilder sind keine konservierenden Lebenssymbole, sondern Lebensentwürfe: die einzig authentische sinnliche Form des befreiten Lebens wird das lebende Leben selber sein. (...)

So abstrakt die funktionale Umwelt für uns geworden ist – und sie ist das Bild der gesellschaftlichen Realität –, so abstrakt im Gegensinne müssen Bilder sein, da sie diese Realität weder abbilden können noch dürfen. Die realisierte Abstraktheit der Realität, in der wir leben, stellt die Chance der Kunst dar, sich aus allen mimetischen Abhängigkeiten zu lösen und sich ihrer spezifischen Möglichkeiten der visuellen Identitätsfindung rückhaltlos zuzuwenden.«[8]

Visuelle Identität aber bedeutet den Rückbezug des Bildes auf sich selbst, jedoch nicht im Sinne der Tautologie »Man sieht, was man sieht«, sondern im Sinne einer gleichzeitigen Überschreitung der allein materialen Dimension des Kunstwerks.

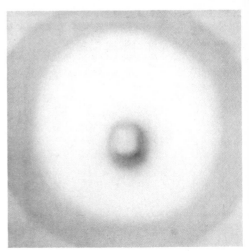

22 Gotthard Graubner. Kissenbild. 1969. Bemaltes Kissen auf Leinwand, mit Perlon überspannt. 59,5 × 59,5 cm. Städtisches Kunstmuseum Bonn

Gotthard Graubner

Die ›Farbraumkörper‹ von Gotthard Graubner (geboren 1930) bieten in der deutschen Malerei der Gegenwart hierfür das überzeugendste Beispiel (Ft. 12). Nach seiner Arbeit mit vibrierenden ›Farbräumen‹, mit haptischen ›Farbkörpern‹ (Kissenbildern; Abb. 22) und ›Nebelräumen‹, in denen farbiges Licht eine faszinierende Verunsicherung der Raumerfahrung bewirkte, bilden die ›Farbraumkörper‹ die Summe seiner bisherigen Arbeit. In ihnen wird durch die plastische Gestaltung des Bildträgers und die an- und abschwellend modulierte Farbe mit ihren unendlich feinen Nuancierungen eine Farb-Formwirkung erreicht, die unsere tradierten Vorstellungen von der Farbe als Thema der Malerei in bisher ungeahnter Weise erweitert.

Diese »immaterielle Wirkung« entstammt einer eigenen hochkomplizierten Technik der Bildherstellung.[9] Er löst – durch Wattierungen und Nylonüberspannungen – die übliche kompakte Erscheinung des Bildes als Objekt auf und schafft so eine neue Dingerfahrung für die Malerei. Ein spezifisches Verfahren des Farbauftrages bewirkt das »Schweben« der Farbe auf dem Bildträger und das »Unbegrenzte« der Raumausdehnung des ›Farbraumkörpers‹. Der Betrachter wird angezogen von einer Unbestimmtheit, die seine Wahrnehmung nicht nur aufs optische Erleben konzentriert, sondern auf sich selbst als Wahrnehmenden.

»Vor Farbräumen kann der Beschauer die Gewißheit seines eigenen Standorts verlieren, er ist – im Verlust dieser Gewißheit – aus allen Mechanismen rationaler Orientierung ausgeschlossen und damit ins Irgendwo, das heißt in Einsamkeit gestellt. Dort, also außerhalb aller Konvention der Vermessung und Raumbeherrschung, ist er gleichsam schutzlos ganz auf sich, auf sein eigenes Selbst verwiesen. Daß die Farbe gerade dies vermag, zählt zu den wesentlichsten Errungenschaften der neueren und neuesten Malerei. Und gerade diese Errungenschaft ist wiederum ohne Malerei oder jedenfalls ohne die Bewirkung malerisch-optischer Sensationen unmöglich.« (Max Imdahl)[10]

Die Offenheit der Bildwirkung von Graubners Arbeiten hat zahllose Kommentare angezogen, die insbesondere von dem meditativen Moment dieser Bilder ausgehen. Graubner selbst sieht als ein Zentrum für seine Werke den »Nachvollzug des natürlichen Schöpfungsaktes im Bild«[11]. Diese auf den ersten Blick verblüffende Selbstinterpretation – denn wo tauchte in den Werken Graubners »Natur« auf? – wird für uns erst dann verständlich, wenn wir erkennen, wie Graubner Natur »sieht«: »Ich habe einmal gesagt, nicht die Erscheinung des Baumes ist eigentlich für mich wichtig, sondern das Wachsen des Baumes. Daß er dann durch's Wachsen auch eine Erscheinung wurde, ist für mich sekundär. So wie ich später gesagt habe, daß ich meine Bilder nachatmen muß oder daß man sie nachatmen müsse, um diese Form von Atmung, von der ich immer gesprochen habe, oder von Bewegung überhaupt begreifen zu können.«[12]

Diese »kreatürliche« Begründung der Malerei bei Graubner basiert nicht auf einer Vorstellung vom Bild als »Gleichnis«. Vielmehr soll das Bild eine reale Korrespondenz zum Leben des Betrachters – seinem Atmen, seiner Lebenskraft – entwerfen. Graubners Bilder sind Meditationsobjekte, ohne daß sie sich auf eine bestimmte Weltanschauung oder Philosophie bezögen. Vielmehr sollen die Mittel der Kunst – die Farbe und der Raum/Körper, auf dem sie erscheint – in ein stummes Wissen hineinführen. Das Denken wird immer wieder herausgefordert, ohne daß es jedoch eine Antwort für das Erleben finden könnte.

Palermo

Vor dem Hintergrund der figurativen Malerei, wie wir sie bei Baselitz und Lüpertz finden, vor dem Hintergrund aber auch der selbstrelativierenden Abstraktion, wie sie Gerhard Richter zeigt, scheint gegenwärtig eine abstrakte Malerei wich-

tig zu sein, die sich der Benennung entzieht und ins Schweigen tendiert. Nur so läßt sich erklären, daß das Werk des 1977 verstorbenen Künstlers Blinky Palermo (d. i. Peter Heisterkamp, geboren 1943) gegenwärtig auf ein breites Interesse stößt.

Laszlo Glozer führt aus, daß »Palermos Bilder den Worten widerstehen«, daß es einen »Widerstand seiner Kunst gegen die Worte« gibt. »Die Bilder und Objekte, die Zeichnungen und die Wandbilder Palermos verweigern die Auskunft über Stil und Tendenz, wollen sich nicht als Ableger, Äste und Verzweigungen der Avantgarde-Kunst bestätigt wissen, kein Name, kein Etikett stimmt.« Und: »Sehen und Spüren: Palermo macht Kunst im Raum. Er ist oder vielmehr er war beharrlich daran interessiert, die Bestimmung der Räume durch Kunst im Einklang, in einem für den Fall erzielten Einvernehmen zu finden: Was er hinzufügt, die Malerei, ist keine fremde Zutat, das Bildobjekt ist kein Fremdkörper. Passepartout, Bilderrahmen und Museumswand sind keine zwingenden Verständigungsrahmen.«[13]

Was Glozer hier für die räumlichen Malereien Palermos feststellt, ist bestimmt von einer Offenheit, die keine Festlegung, keine Programmatik trifft. Der Betrachter ist – ähnlich wie bei Graubner – auf sich selbst gestellt. Er muß seine Wahrnehmung reflektieren, seine Bedeutungsstiftung hinterfragen. Diese Aufforderung findet im Werk seine deutlichste Konzentration im ›Blauen Dreieck‹, einer einfachen geometrischen Figur, die ihren Platz in den verschiedensten Kontexten – Galerien, Museen, Privatwohnungen – über Türen und Durchgängen finden sollte.

»Das blaue Dreieck ist für Palermo vermutlich das sinnliche Eintrittsmoment in Bereiche einer unbestimmbaren Entrückung (in einem umfassenden Sinne ›religiös‹ sagt Franz Dahlem) und umgekehrt für den Betrachter das sinnliche Erfahrungsmoment des Inspirativen in einer nicht inspirierten Umwelt. Palermo setzt es aber nicht als Symbol, als tradiertes Zeichen, sondern als eine konkrete Primärform ein, die – und dies ist

23 Palermo. Wandmalerei auf gegenüberliegenden Wänden. Installation Galerie Heiner Friedrich, München 1971

kaum zu übersetzen – im Universellen einen konstanten bzw. sich immer wieder ›aufladenden‹ individuellen Ausdruck hat.« (Dierk Stemmler)[14]

Palermos Arbeiten, seine Objekte, die Wandmalereien, Metall- und Stoffbilder sind weder Belege einer ästhetischen Theorie, die sich auf Fragen der Wahrnehmung von Formen, Flächen und Farben im Raum beziehen, noch sind sie abstrahierte Illustrationen von Wirklichkeitserfahrungen, wie dies etwa bei manchen Stoffbildern vermutet werden könnte, in denen durch das Zusammenfügen von Bahnen gekaufter einfarbiger Stoffe so etwas wie »Landschaft« entsteht, ein Horizont sichtbar wird. Doch diese Assoziation ist eine Grenzerfahrung, die meisten Arbeiten Palermos mit vorgefundenen Stoffen kreisen intuitiv um Farb/Form/Materialbeziehungen. Eine »Malerei ohne Malerei« wird sichtbar, in der die Farbe allein wegen ihrer visuellen Präsenz benutzt wird (Ft. 13).

Diese Konzeption gilt auch für seine Wandmalereien. Indem sie – auf den Raum bezogen – den Raum durch Farbflächen verändern, machen sie Aussagen sowohl über den Raum wie über unsere individuellen Raumerfahrungen, die mit einer objektiven, ihre Gesetzmäßigkeiten ausweisenden Gestaltung konfrontiert werden (Abb. 23).

Die abstrakte Malerei von Graubner und Palermo bewirkt, daß der Betrachter radikal auf sich selbst verwiesen wird. Die Bilder geben für dieses Verhalten jedoch weder einen Grund an, noch versprechen sie eine Belohnung.

W Knoebel

Die Arbeit von W (Wolf, Imi) Knoebel (geboren 1940) zeigt hierzu durchaus analoge Züge. Seit 1964 wehrt sie sich gegen jedwede Form der Vereinnahmung. Das zeigt sich zum einen in spektakulären Aktionen, die Knoebel (auch zusammen mit seinem Partner Rainer Giese als »IMI und IMI«) im Rahmen der Düsseldorfer Kunstakademie gegen/für/mit Joseph Beuys unternahm, das zeigt sich aber auch in seinen anderen Arbeiten, die sich jeder interpretatorischen Festlegung widersetzen.

Knoebel entfaltet in seinem Werk ein Spektrum von extremen bildnerischen Möglichkeiten: Neben monochromen Farbtafeln, die z. B. eine Form (eine Gestalt) des Bildes durchspielen (›24 Grüne Siebenecke‹, 1975) oder fast unmerkliche Unterschiede im Bildformat, finden wir gestische Bleistiftzeichnungen (1981), neben weißen Lichtprojektionen auf Wände (anstelle von Bildern) oder – aus dem fahrenden Auto – auf Häuser und

54

Stadtlandschaften, sehen wir expressive Gouachen. Materialbilder fügen Holz, Blech, Eisengestelle, Drähte zusammen. Rauminstallationen variieren Themen zum bildnerischen Umgang mit Materialien (›Hartfaser Raum‹, 1968 [Abb. 24]; ›Genter Raum‹, 1980). Das wirkt kalkuliert und berechnet, fast didaktisch, doch das Fehlen eines Programms verrätselt die Arbeiten Knoebels.

»Es ist nicht wahr, was wohl gedacht wird, daß man sich abstrakte Kunst so im Kopf ausdenken und entwerfen kann und an den Fingern ausrechnen. Die Bilder, die Einzelstücke und die Ensembles, sind überraschend und geheimnisvoll, aber sie geben sich nur schweigsam preis, mit großer Zurückhaltung. Ein rascher Blick reicht nicht: wir müssen lange und immer wieder hinsehen, eigentlich spähen: mindestens so lange wie der Künstler im einsamen Atelier selbst geschaut hat, als er sie machte.

Solche Formen und Farben, Kombinationen und Konstruktionen, nehmen Gestalt an, *indem man hinschaut*; der Künstler schaut und schaut, mißt mit den Augen und korrigiert, bis die Dinge (das Ganze und die Teile) unvergleichlich geworden sind, *Kunstwerk*. – Eine strahlende Unternehmung ist das, diese Imitation und Rekonstruktion des Sternenhimmels.«[15]

Daß der Schlußsatz dieses Textes von Rudi H. Fuchs über die Arbeit von Knoebel ins hymnische Pathos führt, verblüfft, und doch ist er eine Konsequenz aus der abstrakten Malerei, die gegenwärtig das Interesse anzieht: Nur wenn sie sich über ihre Daseinsgründe ausschweigt, vermag sie uns zu faszinieren, nur wenn sie verbirgt, was sie sagen will, wird sie für uns beredt.

24 W Knoebel. Ohne Titel. 1968. 6 Hartfaserplatten (160 × 130 bzw. 160 × 260 cm) und 33 Zeichnungen. Installation Kabinett für aktuelle Kunst, Bremerhaven 1969

Bilder und Wirklichkeiten

Die abstrakte Malerei bildet den einen Gegenpol zu den heute ins Zentrum gerückten figurativen Malereipositionen, den anderen die bis in die Gegenwart reichenden Realismuskonzepte, die vor allem am Beginn der 70er Jahre von sich reden machten. Auch der Realismus ist figurativ, er greift aus auf die sichtbare oder imaginierte Wirklichkeit. Doch sein Umgang mit der Figuration entstammt einer grundlegend anderen Haltung, als sie die heutigen Künstler vorführen.

›Neue Formen des Realismus. Kunst zwischen Illusion und Wirklichkeit‹ stellte Peter Sager 1973 in einer breitangelegten Darstellung vor.[1] Er bezog sich dabei auf die Wiederkehr des Realismus, wie sie in den verschiedensten Varianten am Anfang der 70er Jahre beobachtet werden konnte. Besonders spektakulär war dabei der Auftritt der Foto- oder Hyperrealisten, deren illusionär genaue Abschilderung einer (Foto-)Wirklichkeit, die Frage nach dem Bild als einem vermittelnden Medium zwischen Künstler und Wirklichkeit wieder ins Gespräch brachte. Verfolgen wir das Auftauchen dieser Richtung bis in die Gegenwart, so wird der rasche Aufstieg und Fall dieses Kunstbegriffs erkennbar.

Die brillanten technischen Umsetzungen von Fotovorlagen in Malerei fesselten das Auge des Betrachters für kurze Zeit, doch schon bald zeigte sich, daß der technische Aspekt und der Blick auf die durchs Foto vorgestellte Wirklichkeit auf die Dauer nicht genügte. Denn im Gegensatz etwa zu Gerhard Richters komplexer Einbeziehung der Fotografie in eine Diskussion der Malerei entwirft der Fotorealismus, wie wir ihn von Howard Kanovitz, Chuck Close, Lowell B. Nesbitt oder Don Eddy kennen, eine eindimensionale Beziehung von Bild und Wirklichkeit. Er enthält eine »Definition« dieser Beziehung, er bringt ihre vielschichtigen Bezüge auf *einen* – visuellen – Begriff.

Diese Eindimensionalität aber – so scheint es uns – ist ein zentrales Problem fast aller Realismus-Konzepte, die wir in der Gegenwart beobachten. Ihre Tendenz, von *einem* benennbaren Standpunkt aus die gesehene oder durchs Bild interpretierte Wirklichkeit zu »zeigen«, raubt ihnen die relative Freiheit, die sie gegenüber dieser Wirklichkeit behaupten könnte.

Genau von dieser Problematik ging der ›Kapitalistische Realismus‹ aus, der – analog zu traditionellen Realismus-Konzepten – eine Eindimensionalität vortäuscht, um sie mit den eigenen künstlerischen Verfahren ironisch zu brechen. Wie im Zusammenhang mit den Arbeiten von Gerhard Richter (vgl. Kapitel I) und Sigmar Polke (vgl. Kapitel IV) zu erkennen ist, zeigt sich dabei eine Umformulierung des Realismus-Begriffs, die den Blick weniger auf »Wirklichkeit« als auf die Vermittlung von Wirklichkeit lenkt. Als »Bilder über Bilder von Wirklichkeit« beziehen diese Werke sich auf die Thematik von »Malerei als Malerei« bzw. auf ein »Jenseits der Malerei«.

Wenn sich gegenwärtig in der Malerei eine deutliche Absage an die Realismus-Konzepte der 70er Jahre feststellen läßt, so kommt dies einer Abkehr vom Bild als Abbild von Wirklichkeit oder als eindeutiger Interpretation von Wirklichkeit gleich. An die Stelle dieser Begründungen rückt der Blick auf das Bild als eigene Wirklichkeit, als Ort einer nur hier möglichen visuellen Erfahrung. Das hat weitreichende Folgen, die über die ästhetische Dimension der Werke unmittelbar in ihre gesellschaftlichen Bezüge reichen. Die Legitimation des Realismus in den 70er Jahren geschah vor allem durch einen Bezug zur politischen Diskussion. Die Kunst sollte nicht nur Wirklichkeit abbilden, sondern auf sie wirken, sie verändern, mitprägen. Von welcher Position aus?

Im Katalog zur Ausstellung ›Als guter Realist muß ich alles erfinden‹, die Ende der 70er Jahre den ›Internationalen Realismus‹ vorstellte, wird ein Text von Georg Schmidt zitiert, der als verpflichtendes Realismus-Konzept zu verstehen ist: »Realistische Malerei ist eine Malerei, der es im weitesten Sinn um Erkenntnis der Wirklichkeit geht, und zwar nicht nur der äußeren, sichtbaren, sondern auch der inneren, unsichtbaren Wirklichkeit. Idealistische Malerei ist eine Malerei, der es nicht um Erkenntnis, sondern um Erhöhung der Wirklichkeit geht. Der Maßstab der realistischen Malerei ist ihr Wirklichkeitsgehalt im Sinne der sichtbaren wie der psychischen Wirklichkeit . . . Naturalismus ist die Summe der darstellerischen Mittel, mit denen ein Abbild der gegenständlichen – sichtbaren, meßbaren, tastbaren – Wirklichkeit gegeben wird. Der Maßstab des Naturalismus ist die äußere Richtigkeit – der Maßstab des Realismus die innere Wahrheit . . . Realismus ist das Sehen und Aussprechen der Widersprüche in der gesellschaftlichen Struktur einer Zeit – zu deren Überwindung. Idealismus ist die Statuierung einer Sphäre jenseits dieser Widersprüche – zu deren Rechtfertigung und Erhaltung.«[2]

Vor diesem Hintergrund interpretiert Uwe M. Schneede die Wirklichkeit in der Gegenwartsmalerei: »Wirklichkeit jedenfalls verstehen diejenigen, die sich mit ihr in Kunstwerken befassen, heute als eine unter den Fingern zerbröselnde Universalität, darstellbar nur in Annäherungen an Details oder in Raffungen und Zusammenziehungen, in Übertreibungen und in Metaphern, die Wirklichkeit nicht spiegeln, sondern übersetzen in wahrnehmbare, sinnliche Formen, die wieder den Charakter von Wirklichem annehmen.«[3]

Auch wenn hier von einer Fragmentierung der Wirklichkeitserfahrung gesprochen wird, die der Totalität von Georg Schmidt widerspricht, bleibt dennoch die Verpflichtung bestehen, daß das Bild »das Typische im Einzelnen« zu zeigen hat. Bilder sollen zu »Modellen« werden, deren Realismus sich dadurch auszeichnet, »daß sie die Wirklichkeit nicht wiedererkennen, sondern erkennen lassen« (Hans Heinz Holz)[4]. Dabei wird Realismus nicht als ein »Stil« begriffen, sondern als eine Methode der Annäherung an die Wirklichkeit mit ästhetischen Mitteln. Bestandteil dieser Methode ist Kritik, die durchgängig von einem Bezugspunkt aus geübt wird, den Georg Lukács folgendermaßen definierte: »Jeder bedeutende Realist bearbeitet – auch mit den Mitteln der Abstraktion – seinen Erlebnisstoff, um zu den Gesetzmäßigkeiten der objektiven Wirklichkeit, um zu den tiefer liegenden, verborgenen, vermittelten, unmittelbar nicht wahrnehmbaren Zusammenhängen der gesellschaftlichen Wirklichkeit zu gelangen.«[5]

Genau diese Definition scheint aber das Desinteresse an den Realismuskonzepten in der Gegenwart auszulösen. Geprägt durch individuelle Erfahrungen, geprägt auch durch das Scheitern der Großideologien, die scheinbar neutrale Erklärungen für die Wirklichkeit anbieten, ist der Glaube an »Gesetzmäßigkeiten der objektiven Wirklichkeit« verloren gegangen. Zu deutlich sind die Methodenzwänge sichtbar, in die sich die Erklärungen verstricken, zu deutlich ist die Anmaßung der auf wenige Gesichtspunkte zusammengeschrumpften Theorien erkennbar geworden. Kunst, die sich auf vorgefundene Theorien bezieht, wird eindimensional. Sie ist kein Ort eines »neuen, wilden Denkens« mehr, das unsere Erfahrungen erweitert oder neue eröffnet, sondern wird zum Lernort von Überzeugungen, deren moralischer Anspruch dabei keineswegs zur Debatte steht.

Kritischer Realismus

So bietet der ›Berliner Kritische Realismus‹ – die Malerei von Hans Jürgen Diehl, Wolfgang Petrick, Peter Sorge, Klaus Vogelgesang, Jürgen Waller –, der sich als relativ einheitliche Sonderform in der deutschen Malerei der 70er Jahre entwickelte, eine genau ablesbare Umsetzung von »Erkenntnissen« über die Wirklichkeit. Mit den Mitteln der Metapher oder der Allegorie werden »Einengung, Fesselung, Manipulation, Ohnmacht, Außensteuerung des Menschen, Entfremdung« (Schneede)[6] sichtbar gemacht, wobei eine »größtmögliche Verständlichkeit« (Jürgen Waller)[7] angestrebt wird. Als Dilemma taucht dabei auf, daß die Moral durchgängig zu Erklärungen findet, die kaum über eine allgemeine Entrüstung hinausführen. Letztlich unkritisch zeigt der Kritische Realismus eine Welt von

»Gut« und »Böse« und entwirft ein Erklärungsschema, das die eigenen Darstellungsmittel nie befragt.

So schreibt Hans-Jürgen Diehl (1940 geboren) zu seinem Bild ›Freiheit‹ (Abb. 25): »Es sind zwei Formen der Freiheit dargestellt, einmal links die Freiheit, nicht tun zu können, was man eigentlich tun möchte, bewacht zu werden. Die Figur mit dem Polizeimantel soll zeigen, daß irgendwo eine anonyme Macht hinter einem steht und aufpaßt, daß man auch das Richtige tut, wenn man etwas tut. Auf der rechten Seite sieht man auch eine Form der Freiheit, nämlich sterben zu können, wann man will, scheinbar fliegen zu können, wohin man will. – Bienen haben für mich einen konkreten Symbolwert. Einmal ist die Biene ein fremdbestimmtes Arbeitstier, aber sie ist auch Träger von Aggressionen, und sie ist ein Symbol für ein genau abgegrenztes funktionelles

25 Hans-Jürgen Diehl. Freiheit. 1976. Öl auf Leinwand. 151 × 230 cm. Berlinische Galerie, Berlin

Staatswesen... Also ist die Freiheit der Biene auch nur eine Scheinfreiheit, und aus dieser Dialektik ergibt sich die Folge der Assoziationen.«[8]

Sehen wir einmal von den politischen Implikationen dieser Aussage ab, so haben wir hier in nuce die Erklärung für die Bildinhalte der Kritischen Realisten. Alles, was auf den Bildern zu sehen ist – die »Entfremdung am Arbeitsplatz«, der »außengesteuerte Mensch«, der »Ausbeuteralltag«, die »Frau als Lustobjekt«, der »feiste Kapitalist und der protestierende Student«, die »Unwirtlichkeit der Städte«, die »zerstörte Natur« –, hat eine benennbare Bedeutungsebene. Diese Bedeutungsebene besitzt ihre Fundierung in einem Erklärungsmodell für die Wirklichkeit, das sich auf wenige Schlagworte aus der politischen Diskussion reduzieren läßt. Die Geschlossenheit der Bedeutungsebene resultiert aus ihrer kaum in Frage zu stellenden Moral, zugleich aber entleert sie diese Moral und macht sie zur bloßen Formel.

Was als Aufklärung gedacht ist, schlägt um in ein kritisches Klischee und gerät in die Nähe des Verrats. Um der Geschlossenheit der Botschaft willen reduziert der Kritische Realismus unser Wissen um die Wirklichkeit, fällt damit aber zugleich – in Hinsicht auf die Malerei – zurück auf Bildbegriffe, die sich zum einen – besinnungslos – auf das Abbild stützen oder es zum anderen als auflösbare Metapher oder übersetzbare Allegorie ausweisen. Dieser Legitimation aber – daß das Bild für etwas benennbar anderes steht oder daß es die Illustration einer Aussage ist – widerspricht zunehmend die Erfahrung, daß die Wirklichkeit gerade nicht als ein Kreuzworträtsel zu betrachten ist, dem in der Malerei die Bildbegriffe der Metapher oder der Allegorie korrespondieren können.

Damit aber ergibt sich ein Defizit, das für sämtliche Formen des Realismus gegenwärtig festzustellen ist. Die Bildlegitimationen entsprechen weder den komplexen Vorstellungen, die heute im Hinblick auf »die Wirklichkeit« ins Spiel gebracht werden sollten, noch entwickeln sie eigene Blicke auf die Wirklichkeit, die unsere tradierten Bildvorstellungen überschreiten, um Freiheiten gegenüber der Wirklichkeit zu behaupten. So bleibt ein großer Teil des sozial engagierten Realismus im Anekdotischen stecken oder verklärt und verlängert bewährte Traditionen.

DDR-Realismus

Die »kritischen« realistischen Tendenzen in der westdeutschen Malerei der 70er Jahre stellten eine Beziehung her zur Malerei in der DDR, deren Beitrag zur deutschen Gegenwartskunst vor allem in einer Umdeutung und Erweiterung des ›Sozialistischen Realismus‹ besteht.[9] Zu beobachten ist das Phänomen, wie sich in einem Staat, der für die Kunst programmatische Rahmenbedingungen festschreibt, künstlerische Formulierungen entwickeln, die eine relative Eigenständigkeit behaupten wollen.

»Eine Kunst, die nur das Gelungene und Gewünschte für kunstwürdig hält, kann nicht realistisch und schon gar nicht sozialistisch-realistisch genannt werden. Sie wäre reine Schönfärberei.«[10] Diese Aussage des DDR-Malers Wolfgang Mattheuer benennt den Wunsch, Subjektivität in die Kunst einzuführen. Der Standpunkt des Künstlers wird als kritisches Korrektiv dem öffentlichen Denken und Handeln entgegengestellt, die Bilder wollen hinter die Oberfläche der genormten Wirklichkeit vordringen, ohne diese Wirklichkeit jedoch von ihren Grundlagen her in Frage zu stellen.

Willi Sitte schreibt: »Der sozialistische Realismus ist eine *Methode* künstlerischer Durchdringung und künstlerischer Verarbeitung der unabhängig von unserem Bewußtsein real existierenden Wirklichkeit. Er ist folglich kein Prädikat, das dieser oder jener nach Gutdünken verteilt. Und da sich die Wirklichkeit ständig in Bewegung befindet, kann der sozialistische Realismus folglich auch keine in sich stilistisch abgeschlossene oder gar zeitbedingte Erscheinung in der Kunst sein, ganz zu schweigen denn eine Klischeevorstellung, wenngleich ihm manchmal eine solche auch bei uns, herrührend aus dem Ringen um seine praktische Anwendung, angelastet wurde. Ein Bekenntnis zu ihm setzt etwas voraus, was von bürgerlichen Theoretikern des ›Abstrakten‹ oder ›Reinen‹, des ›L'art pour l'art‹ der Kunst wohl niemals zugestanden wird: Eine *wissenschaftliche* Weltanschauung, und zwar die einzig mögliche, die es gibt und sich als solche auch längst bewährt hat, den Marxismus-Leninismus. Das schließt das Verhältnis des Menschen, also auch des Künstlers, zu seiner Umwelt, zur Gesellschaft mit ein, genauer gesagt, seine *Identifikation* mit dem eben wissenschaftlich erkannten, objektiv fortgeschrittensten und in Europa wohl auch zahlenmäßig stärksten Teil der Gesellschaft, der Arbeiterklasse. Ohne Vorbehalte, ohne Liebäugelei mit autonomen Positionen oder Sonderrechten als Künstler. Mit allen Konsequenzen gesellschaftspolitischer Mitverantwortung.«[11]

Diesen programmatischen Hintergrund gilt es mitzudenken, wenn wir die Bilder des Sozialistischen Realismus sehen. Zwar dringt in die Arbeiten der jetzt die DDR-Kunst mitprägenden Maler der dritten Generation (Sighart Gille, Horst Skulowski, Volker Stelzmann – zur zweiten Generation zählen Bernhard Heisig, Wolfgang Mattheuer, Willi Sitte, Werner Tübke) eine deutliche subjektive Ausrichtung, doch bleibt bestehen, daß das Private stets auch Spiegelort des Gesellschaftlichen ist.

War die DDR-Malerei der 50er und 60er Jahre auf die Eindeutigkeit von Bildaussagen und auf Problemlösungen aus, so versuchen die Künstler der jüngeren Generation, die Malerei für Fragen zu öffnen, die nicht sofort wieder eine schon zuvor gewußte Antwort provozieren. Wenn dabei dennoch ein genau ablesbarer Deutungsrahmen erhalten bleibt, so liegt dies an der Verpflichtung auf ein Menschenbild, das letztlich die wissenschaftlich eindeutige Benennung der Wirklichkeit fordert. Kunst kann dementsprechend zum einen den noch nicht gedeuteten Raum der abbildba-

ren Wirklichkeit erweitern, oder sie kann ein »Sprechen« vorschlagen, das nicht unmittelbar umsetzbar ist in eine begriffliche Sprache. Der Hang der DDR-Kunst zu Allegorien und metaphorischen Darstellungen, zu Bildzitaten und der historischen Weiterführung von Stilen resultiert aus dieser Suche nach einem Bildbegriff, der sich auf Wirklichkeit deutend und erklärend beziehen möchte, ohne die Wirklichkeit auf den Begriff zu bringen.

Nehmen wir hierfür als Beispiel ›Im LMW‹ (1977) des 1921 geborenen Willi Sitte (Abb. 26). Der genaue Blick auf dieses Bild zeigt, daß Wirklichkeit hier nicht »abgebildet«, sondern »gebaut« wird, wobei das Bauprinzip sich als Mischung aus expressivem Realismus und manieristischer Sujetbewältigung erweist. Die hierdurch bewirkte malerische Überhöhung der Wirklichkeit führt dabei über die nur unproblematisch positive Darstellung der Arbeitswelt hinaus.

»Die Darstellung entwickelt sich . . . . nicht in einem einheitlich konstruierten Raum-Zeitplan, sondern in einer Montage, die besondere als typisch erkannte Szenen herausstellt. Die Mitte des Diptychons bringt . . . einen tiefen, den Blick seitlich nach hinten ziehenden Einblick, darin zwei Männer an Maschinen, überwölbt von einem in ein Walzensystem eintretenden breiten Band von Leichtmetall. Links im Vordergrund sieht man lebensgroß zwei Männer mit Druckluft arbeitend, rechts noch weiter vorn die das Bild beherrschende Gruppe dreier sich ausruhender Arbeiter. Haltung und Gesten – zusammengesunkenes Sitzen, Schweißabtrocknen – spiegeln die Schwere der Arbeit und sind wie in fotografischen Momentaufnahmen erfaßt, wobei der vorderste Arbeiter – er scheint mehr dem Bereich des Betrachters anzugehören – wie unscharf gesehen ist. Wenn Schwere der Arbeit deutlich wird, so doch auch, daß der Arbeitsprozeß, die Maschinen selbstverständlich und ruhig beherrscht werden, etwa von der Frau oben in der Steuerkanzel. Das gibt Sicherheit, die Anspannung nachzulassen, für einen Moment zurückzugehen auf sich selbst. Die Triebkraft dieses Bil-

26 Willi Sitte. Im LMW (Im Leichtmetallwerk). 1977. Öl auf Hartfaserplatte. Diptychon. 248 × 340 cm. Slg. Ludwig, Neue
Galerie, Aachen

des liegt weniger in der Komplexität und dem Programmatischen der Botschaft, sondern mehr im bildkünstlerischen Aufbau. In dem jähen Tiefenstoß in der Mitte des Bildes wird das Bild riskiert und doch zugleich wieder ausbalanciert durch den Arbeiter ganz vorn, der »vor« dem Bild zu stehen scheint. Und wenn es bei ›Leuna 1969‹ die Geste des Steuerns war, die das Bild beherrschte, so ist hier die symbolische Metapher der im Hintergrund über den Maschinen aufgerissene Raum, in den das lichte Blau von Luft und Himmel eindringt. Auch das Regenbogenmotiv fehlt nicht...« (Georg Bussmann)[12]

Es ist dieser stets vom »Besonderen« zum »Allgemeinen« hinführende Zwang, der den Sozialistischen Realismus in eine Differenz zu komplexeren Wirklichkeitsvorstellungen bringt. Er

bedingt, daß die Bilder von einer Eindimensionalität bestimmt werden, für die die diversen Rückbezüge in die Kunstgeschichte – von der Renaissance bis zum Expressionismus, vom Manierismus bis zur Neuen Sachlichkeit, vom Realismus bis zum Surrealismus – die malerische Einkleidung abgeben.

Dies im Zusammenhang mit der in den westlichen Gesellschaften stattfindenden Diskussion um eine Nach-Moderne (oder Post-Avantgarde) zu sehen, erscheint jedoch verfehlt[13]. Die Bedingungen des »Blicks in die Geschichte« sind grundverschieden. Eher muß sich die Diskussion an der »Ungleichzeitigkeit des Gleichzeitigen« entzünden, an der Problematik von »Fortschritt« und »Anachronismus«.

Populär-Realismus

Neben dem ›Kritischen‹ und ›Sozialistischen Realismus‹ finden wir zahllose Formen eines Populär-Realismus, der sich zum einen auf die Sicherheit der »Wahrheit des Auges«, zum anderen auf Klischees und Wunschbilder von Wirklichkeit verläßt. Seit dem Ende der 60er Jahre entwickelten sich im Anschluß an die Bildentdek-kungen der Pop Art und die Bilderflut der Alltagskultur in Westdeutschland eine Reihe von Richtungen, die zu einem überwiegend dekorativen Umgang mit Elementen der Wirklichkeit neigten, die z. B. das Bild zu einem ›Magischen Realismus‹ hinführen sollten. In den Werken der Mitglieder der Gruppe ›Zebra‹ – Dieter Asmus, Peter Nagel, Nikolaus Störtenbecker und Dietmar Ullrich – finden wir poppig-verfremdete Darstellun-

27   Konrad Klapheck. Die Ahnen. 1960. Öl auf Leinwand. 115 × 125 cm. Museum Ludwig, Köln

gen, deren schablonenhafte Requisiten die Wirklichkeit ins »Surreale« hinüberziehen.

Dieser Zug ins Traumhafte läßt sich – mit anderen Vorzeichen – auch bei den Berliner Künstlern der ›Schule der Neuen Prächtigkeit‹ finden, die ihre Bildarrangements ironisch-verfremdet den Interessen des Kritischen Realismus konfrontieren. Ihr Hauptvertreter, Johannes Grützke, spielt in immer neuen Varianten manieristisch verzerrte Menschenarrangements durch, wobei alle Personen die Gesichtszüge des Malers zeigen. Das erzeugt eine ironisch-sarkastische Wirkung, die auf einem schmalen Grad zwischen lustvoller Aufklärung und verblüffender Unterhaltung balanciert.

Dieses Unterhaltungsmoment bestimmt auch die Werke der Künstler, die – von Wirklichkeitserfahrungen ausgehend – das Bild zur Szene eines Magischen Realismus verwandeln. So kreist die Arbeit des 1935 geborenen Konrad Klapheck um eine effektvolle Verfremdung der uns allen bekannten Maschinenwelt. Eingebunden in einen Erklärungszusammenhang, der sich auch in den Bildtiteln – ›Der Diktator‹, ›Die Ahnen‹ (Abb. 27), ›Soldatenbräute‹ – wiederfindet, werden bei Klapheck in abstrahierender Manier Maschinen aus ihrer Umgebung isoliert und zu surrealen Monumenten stilisiert. Indem Klapheck diese Bilder mit seiner Person in Beziehung setzt, schafft er eine psychologische Deutung, die über eine allein dekorative Dimension der Bildgestaltung hinausführen soll.

Klapheck bekannte: »Die Schreibmaschine wurde auf der Leinwand zu einem seltsamen Ungeheuer, mir fremd und nah zugleich, zu einem wenig schmeichelhaften Porträt meiner selbst. Ich hatte eine Entdeckung gemacht: Mit Hilfe der Maschine konnte ich Dinge aus mir herausziehen, die mir bis dahin unbekannt waren, sie zwang mich zur Preisgabe meiner geheimsten Wünsche.«[14] Die Fundierung auf Psychologie erweist sich jedoch in der Praxis der Bildumsetzung zunehmend als Hindernis. Die stereotype Gestaltung verselbständigt sich und vermag kaum noch als Umsetzung von originä-

ren Wünschen und Begierden zu erscheinen, auch wenn die Bilder weiterhin eine obsessionale Begründung behaupten.

Dies aber kann insgesamt als Kritik an den gegenwärtigen Formen eines ›Phantastischen Realismus‹ angemerkt werden. Um populär sein zu können, entleert er die ursprünglichen Intentionen des Surrealismus – der Befreiung der unterdrückten Phantasie, der Revolutionierung des Alltags, der Bewußtseinsveränderung durch den ästhetischen Schock – und verwandelt die ehemals beunruhigenden Momente einer Sichtbarmachung der Innenwelt in bildliche Zitate und visuelle Floskeln.

Paul Wunderlich (geboren 1927) bietet in der Malerei der Gegenwart hierfür das bekannteste Beispiel. Bei ihm findet sich die gefällige Verbindung von »surrealen« Bildeinfällen und malerischem Raffinement, die als Neuentdeckung vorführt, was längst schon Klischee geworden ist (Abb. 28). Die Beliebtheit seiner Werke resultiert aus der leicht goutierbaren Verbindung von Traumwelt, Wirklichkeit und handwerklich effektvoller Malerei, der sämtliche Aspekte einer wirklichen, in die Tiefe reichenden Beunruhigung unseres Wissens und Empfindens ausgetrieben wurden.

28 Paul Wunderlich. Sonntag-Nachmittag. 1967. Öl auf Leinwand. 130 × 162 cm

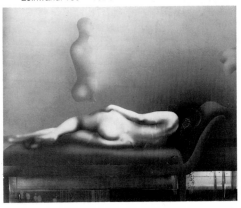

Jenseits der Malerei

Daß Bilder den verschiedensten Begründungszusammenhängen entstammen können, haben die voraufgegangenen Kapitel gezeigt. Sie können den Ort abgeben für eine »Malerei als Malerei«, sie können – entleert von Mitteilungen über die gegenständliche Welt – als Konzentrationspunkt für eine expressive Äußerung oder eine meditative Betrachtung dienen. Sie können Aussagen und Interpretationen über die sichtbare Wirklichkeit enthalten. Auch wenn dabei jeweils ein Aspekt deutlich in den Vordergrund gerückt wird, stehen die Werke doch in vielschichtigen Zusammenhängen, die über die Wahrnehmung des isolierten einzelnen Werks hinausreichen. Wir sehen die Bilder vor dem Hintergrund unserer bisherigen Erfahrungen mit Kunst, wir interpretieren sie im Zusammenhang mit dem Alltagserleben oder mit den Auseinandersetzungen in anderen Künsten und in der Wissenschaft.

Die Bilder selbst aber betrachten wir in der Spannung, die die Geschichte der Malerei im 20. Jahrhundert für sie begründet: Wie kann ein Bild seine Eigenständigkeit gegenüber allen Vor-Urteilen behaupten, die an es herangetragen werden, und wie vermag es uns etwas mitzuteilen, was jenseits benennbarer »Ideen« oder »Themen« liegt?

Moderne Kunst ist nie »Inhalt in eine Form gegossen«. Sie ist eine eigene »Sprache«, die sich nicht übersetzen läßt. Das macht sie schwierig, aber zugleich beruht hierauf auch ihre Notwendigkeit: Die Bilder sind durch Erläuterungen oder Aussagen, durch Umschreibungen oder Interpretationen nie eindeutig zu erfassen. Wir müssen sie auf uns wirken lassen, uns ihnen »hingeben«, Erfahrungen und Erkenntnisse mit ihnen verbinden und durch sie gewinnen, die nirgends sonst zu erhalten sind. Dies aber heißt nicht, daß die Bilder – autoreflexiv – auf sich selbst verweisen. Der ausschließliche Aspekt des »Man sieht, was man sieht« bestimmt nur einen Bruchteil der Kunstproduktion (z. B. in der ›analytischen‹ oder ›konkreten‹ Kunst). Der weitaus größere Teil versucht, die »Sprache« der Malerei mit Erfahrungen jenseits von ihr zu koppeln. Bilder als Zeichen, Symbole, Chiffren vermitteln zwischen Sehen, Denken und Fühlen, zwischen Wirklichkeitswahrnehmung und Repräsentation, zwischen Bewußtsein und Anschauung, zwischen historischem Wissen und visueller Erfahrung, zwischen Tatsächlichkeit und Vision. Damit dringt in die Malerei als ein »Dazwischen« zugleich ein »Jenseits der Malerei.«

Auf dieses »Jenseits« richtet sich das Augenmerk der Künstler, die für ihre Bilder neue, unverbrauchte Begründungen suchen, weil sie den vorhandenen Legitimationen gründlich mißtrauen. Das Ergebnis dieser Suche führt zu eigenständigen, ich-verhafteten Bildwelten, die dennoch – fast paradox – mit dem Anspruch auf Allgemeingültigkeit auftreten. In der deutschen Malerei der Gegenwart läßt sich dies an den Arbeiten von A. R. Penck, Jörg Immendorff, Anselm Kiefer und Sigmar Polke beobachten. Sie sind nicht nur die fundiertesten Beispiele für diese Haltung, sondern zeigen auch das extreme Spektrum auf, das ein »Jenseits der Malerei« zu bezeichnen vermag.

A. R. Penck

Im Jahre 1980 wurde der Maler A. R. Penck aus der Deutschen Demokratischen Republik in die Bundesrepublik ausgebürgert, wo seine Werke schon seit Ende der 60er Jahre bekannt waren und breite Beachtung fanden. Dieser »Übergang« – ein wichtiges Thema im Werk des 1939 geborenen Penck (vgl. die Ft. 14 und 15) – erscheint als eine logische Konsequenz seiner Arbeit, denn sein Blick richtete sich stets nicht nur auf die künstlerische und gesellschaftliche Situation in der DDR, sondern auf das »ganze Deutschland« oder – weiter gefaßt – auf das Neben- und Miteinander von sozialistischem und kapitalistischem Gesellschaftssystem. Indem er sich mit beiden Ordnungen nicht identifizierte, versuchte Penck eine Außenseiterrolle oder ein »Darüber«, das er bis in sein privates bzw. öffentliches Auftreten verlängerte.

So ist der Name A. R. Penck ein Pseudonym, das für Ralf Winkler – so der bürgerliche Name des Künstlers – zugleich Programm ist: »Ich habe den Namen A. R. Penck als Pseudonym gewählt, da Penck ein Wissenschaftler und ein bedeutender Intellektueller des 19. Jahrhunderts war, dem es gelungen ist, die kausalen Zusammenhänge der Dinge objektiv zu erforschen, und zwar ohne dabei einen demagogischen Standpunkt zu vertreten. Ich habe mich mit verschiedenen Bereichen beschäftigt (Philosophie, Logik, Literatur, Technik und Wissenschaft) und gemerkt, wie demagogisch man überall ist. Penck hat die Grundlagen objektiv erforscht.«[1]

Den letzten Satz dieser deutenden Selbstdarstellung kann man auch auf den Maler Penck anwenden, selbst wenn er sich – später – unter anderen Pseudonymen (etwa Mike Hammer, TM = Tancred Mitchell oder Theodor Marx, Y, V. L.) immer wieder selbst kritisch befragte. Im Werk Pencks gibt es ein beharrliches Streben nach Objektivität, dessen Grundlagen jedoch nicht aus vorgefundenen Denkmodellen, sondern aus eigenen Erfahrungen stammen.

So erarbeitet Penck am Beginn der 60er Jahre – nachdem er sich in sogenannten ›Rekonstruktionen‹ mit dem Werk Rembrandts und van Goghs beschäftigt hatte – ein Programm für ›Weltbilder‹ und ›Systembilder‹, die als visuelle Sprache grundlegende menschliche Beziehungen und Abhängigkeiten deutlich machen sollen. In größtmöglicher Abstraktion werden hier Menschen in piktographische Zeichen verwandelt, die – primitiven Felszeichnungen oder Hieroglyphen nicht unähnlich – das zwischenmenschliche Miteinander in knappen Zeichenkürzeln illustrieren. Dabei taucht als Thematik nicht nur der Bereich einer allgemeinen Kommunikation – Liebe, Aggression, Unterwerfung, Abhängigkeit – auf, sondern auch die Frage nach der Rolle der Kunst und des Künstlers. So könnte man auf dem hier abgebildeten ›Systembild‹ (Abb. 29) eine schematisierte Darstellung allgemeiner Abhän-

29 A. R. Penck. Systembild. 1963. Öl auf Leinwand. 130 × 100 cm. Galerie Michael Werner, Köln

gigkeitsbeziehungen (rechts) und die Beziehung von Künstler, Kunstwerk und Betrachter (links) erkennen. Zeigen die »normalen« Beziehungen das Phänomen der Ungleichheit von Geben und Nehmen, so wird an dem »Bild im Bild« deutlich, daß das Kunstwerk eine Gleichheit herstellt, die als Gerechtigkeit erscheint.

Pencks ›Systembilder‹ und ›Weltbilder‹ sind Analysen bestehender Zustände, visuell gefaßt in eine unmittelbar zu erlebende Zeichensprache. Zugleich aber sind sie Aufklärung, die über die bestehenden Zustände, so wie sie sind, hinausleiten will. Als Erkenntnis wird in ihnen vermittelt, daß die Veränderung der Wirklichkeit und unseres Wissens um die Wirklichkeit nur dann möglich sein wird, wenn wir akzeptieren, daß das Ich kein Faktum innerhalb eines Systems, sondern selbst ein System ist. Dem entstammt das Unpersönliche der ›System-‹ und ›Weltbilder‹, was sich in der daran anschließenden Arbeitsphase, die seit 1968 unter dem Begriff ›Standart‹ steht, noch verstärkt (Ft. 16).

Penck zerlegt nun die Struktur der ›Weltbilder‹ in einzelne Aspekte, die ideale Situationen des Verhaltens und der Wirkung von Verhalten darstellen sollen. Begleitet wird diese Arbeit von einer Theorie, die er in Kommentaren und poetischen Texten veröffentlicht und die den konzeptuellen Rahmen für seinen Kunstbegriff absteckt: »Der Begriff Standart ist ein Griff in das Gebiet des Seh- und Perzeptionsverhaltens, des Trainings dieses Verhaltens, der Technik der Regelung dieses Verhaltens, der Stellung dieses Trainings, welches das Ziel der technisch erzeugten Anpassung des Gehirns an eine künstliche Signalumgebung hat. Der Begriff enthält Gefühls- und Wortassociationsmöglichkeiten zu Standard (stendardo, standarte), zu Stand (feststellen, Zustand, oder Stand im Sinne der Ständeordnung) und Art (artifiziell, art). Die Begriffs- und Verfahrensbestimmungen, die im Zusammenhang mit dem Standartbegriff stehen, sind technische. Die Desillusionierung des konventionellen Kunstbegriffs ist beabsichtigt. Art ist kein Luxus oder Genußmittel, sondern ein sportliches Trainings-

gerät. Die Produktion-Art ist technisch ziel- und zweckbestimmt innerhalb der Industriegesellschaft als Regler.«[2]

Hinter den so – ironisch und ernst – beschriebenen ›Standart‹-Bildern steht der freie, aufs eigene künstlerische Schaffen uminterpretierte Umgang Pencks mit Theorien der Kybernetik, der Regelprozesse, der Informations- und Systemtheorien. Insbesondere das Werk des Kybernetikers W. Ross Ashby wurde für Penck bestimmend: »Ashby hat mir das Problem der Angst verdeutlicht. Man kann Angst haben, Angst vor der Angst haben, und das durch Aktivitäten überwinden. Was ich weiter interessant finde: ein Künstler braucht nicht mehr von der Intuition abhängig zu sein, auch der Logik kommt eine wichtige Rolle zu.«[3]

Die Bilder der ›Standart‹-Zeit besitzen – mit dem Blick auf dieses Zitat – eine deutlich existentielle Dimension. Ihre »Objektivität« verspricht einen Halt, der nicht nur für den Künstler als Hoffnung gelten soll, sondern auch für den Betrachter. ›Standart‹ schafft eine Zeichensprache, die im umfassenden Sinne »allgemein« ist und dementsprechend als Allgemeinbesitz Verwendung finden kann. »Von zentraler praktischer Bedeutung erschien Penck der Zusammenhang zwischen lebendiger, Irrationales einschließender, freier Signalproduktion und dem Gestalttraining, das langfristig das Überleben der Menschen garantiere durch Transformation der machtgebundenen, erstarrenden Systeme in Verwaltung, Information usw., ›denn es ging und geht nur um das Überleben des Individuums oder der Art‹.«[4]

Der Optimismus, der hinter den ›Standart‹-Bildern steht, übersieht jedoch die realen gesellschaftlichen Schwierigkeiten bei der Vermittlung eines solch allgemein gültigen neuen Kunstbegriffs. So bahnt sich ›Pencks Ende‹ um 1972/73 in bewegten, faszinierenden, extrem subjektiven Zeichnungen an, die einen Kontrast zu den gleichzeitig entstehenden, die ›Standart‹-Phase zusammenfassenden Textbildern (Abb. 30) darstellen. Auch die im Anschluß daran entwickelte

Komplizierung der Zeichensprache, die der asketischen Ökonomie der früheren Chiffren konfrontiert wird und die zu vielschichtigen, netzartigen Zeichenbildern führt, vermag eine grundlegende Revision der Bildbegründung nicht aufzuhalten (Abb. 31).

1978 blickt Ralf Winkler unter dem Namen Ypsilon auf A. R. Penck zurück und sieht seine Arbeit »von einem neuen Standpunkt als ein Gescheiterter«[5]. In poetischer Umschreibung erklärt er: »Ich kam aus der Gebundenheit der Konvention und kam über das Eis des Rationalismus in die Wüste der Konzeptionen und von da in die Nacht der Gesetzlosigkeit. – Dieser Satz erscheint unvollständig, und Vollständigkeit als Problem der Objektivität ist nun nicht mehr notwendig. – Bild ist das entscheidende Kriterium, nicht um es zu erklären, zu begründen, auszulegen, auszudeuten, sondern um es zu erleben.«[6]

Für gescheitert erklärt Penck seinen Versuch, eine universale Bildsprache aus einfachen Zeichen zu schaffen. Das Konzept von ›Standart‹, für jeden einsehbar und von jedem nachzuahmen, konnte als rationalistisches System nicht die Komplexität des menschlichen Erlebens erfassen. Sinnlichkeit und Irrationalität werden als positive Relativierungen des starren, abstrahierenden Systemdenkens erfahren. Pencks Malerei entwickelt sich nun aus den selbstgesteckten Grenzen heraus in freiere Formulierungen, die zu eklektischen Zusammenstellungen verschiedenster Ausdrucksweisen führen (Abb. 32).

Penck geht es in seiner Arbeit weder um einen eigenständigen Stil, noch versucht er, die Malerei auf »Hauptwerke« zu konzentrieren. Malerei ist für ihn eine Methode, die sich auf wechselnde Leitgedanken bezieht, so daß die Erscheinung der Bilder abhängig wird von den jeweiligen sozialen und existentiellen Erfahrungen des Künstlers. Eine solche Bildbegründung zielt auf ein »Jenseits der Malerei«, das nicht am identifizierbaren Stil festgemacht werden soll, sondern an dem sich verändernden Gedankengebäude, das die Malerei als bewegliche Mitteilungsmethode benutzt.

30 A. R. Penck. Standart. 1973. Acryl auf Leinwand. 290 × 290 cm. Galerie Michael Werner, Köln

In den Serien und zahlreichen Varianten, die Penck in seinen Bildern und vor allem in seinen Zeichnungen vorlegt, erweist sich die Kunstproduktion als ein mit Widersprüchen und Umorientierungen behafteter Prozeß, der letztlich nicht nach eindeutigen Antworten sucht, die in einem einzelnen Werk endgültig formuliert werden können. Deshalb entwerten auch die Revisionen, die Penck im Verlauf seiner Entwicklung vornimmt, keinesfalls die für den jeweiligen Standpunkt gefundenen Bildlösungen. Und zwar nicht nur deshalb, weil die »Theorien« die Bilder nicht zu ersetzen vermögen, sondern weil die Bildzeichen als »nicht-sprachliche Aussage« eine eigene »Rede« entwickeln.

Wenn also Penck nach der Übersiedlung in den Westen jetzt sein ›Standart‹-Modell wieder aufgreift und vor dem Hintergrund neuer Erfahrungen partiell wieder legitimiert, so erkennen wir darin nicht die Wiederholung eines schon populären oder akzeptierten »Bildeinfalls«, sondern die notwendige Neuinterpretation eines früher gefundenen Ansatzes. Eingebunden in eine neue soziale und kulturelle Umgebung zeigt die

31 A. R. Penck. Verwendung – Verschwendung. 1975. Acryl auf Leinwand. 285 × 285 cm. Galerie Michael Werner, Köln

Methode die »Ungleichheit des Ähnlichen«, die Abhängigkeit der Bedeutung von dem sie umgebenden Kontext. »Die Wiederholung als Kategorie der modernen Ästhetik bricht die Wirklichkeitsbezogenheit des Bildes und kehrt den autonomen Charakter der Bildstruktur hervor. Die Wiederholung zielt auf die Idee. Die Idee ist unerreichbar, aber hinterläßt dem Bild die sinnliche Magie. Idee und Form sind auseinandergeraten. Die Wiederholung zielt auf den unendlich fernen Punkt von Freiheit.« (Siegfried Gohr)[7]

Pencks Bilder werden bestimmt durch eine »Vielsprachigkeit«, die sich auch in seinen Arbeiten in anderen Medien und Kunstformen erkennen läßt. So können Pencks Texte zum einen als Künstlerkommentare neben dem eigenen Werk gelesen werden, zum anderen aber bieten sie durchaus einen Beitrag zur zeitgenössischen deutschen Literatur. Denn seine Themen kreisen nicht nur um die Legitimation der eigenen Bildproduktion, sondern ganz allgemein um die Existenz des Künstlers in einer Gesellschaft, die ihn wegen seiner Nonkonformität zum Außenseiter stempelt. Nach seiner Übersiedlung in den Westen schreibt Penck:[8]

Blick
die vergangenheit ist die zukunft
das neue liegt hinter mir
das alte vor mir
der übergang
spaltet die identität
was vorher war
was drüben weitergeht
was hier war
was hier weitergeht
was wenn
was nicht wenn nicht
geteiltes gesicht
zerstörtes gedicht
Jazz ist not dead

Neben der Literatur und dem Produzieren von Büchern – z. B. ›Was ist Standart?‹, ›Standart making‹, ›Ich bin ein Buch, kaufe mich jetzt‹ – beschäftigt sich Penck vor allem mit Musik. »Ich interessiere mich für den Zusammenhang zwischen Wort, Bild und Klang. Für mich liegt das große Dilemma in: Spezialisierung oder nicht. Auf der einen Seite gibt es den Spezialisten mit seiner Perfektion. Der Spezialist setzt sich für Perfektion und Verfremdung ein. Ich pfeife auf Spezialistentum. Ich will einen Zusammenhang zwischen Optik, Bedeutung und Klang herstellen, und zwar nicht in der Tradition des *Gesamtwerks,* sondern durch einen viel prinzipielleren Zusammenhang.«[9] Dieser anvisierte Zusammenhang kann für Penck letztlich jedoch nur aus der Zusammenarbeit verschiedener Künstler entstehen, denn: »Ich bin überzeugt, daß der Fortschritt im Kooperativen liegt.«[10]

32   A. R. Penck. Naives Bild Nr. 1. Rekonstruktion eines Blickes nach vorn. 1977. Dispersion auf Leinwand. 145 × 180 cm. Galerie Michael Werner, Köln

Pencks neue, im Westen entstandene Bilder versteht er – so der Titel einer Bildserie – als ›Angebote‹. Er sieht den Betrachter als Bestandteil seines Werkes, das zwar sein Zentrum in der Person des Künstlers, in seiner einmaligen Subjektivität besitzt, das aber dennoch zugleich von allen Menschen sprechen soll. Hierin liegt die politische Dimension von Pencks Arbeit, die er der offiziellen Politik entgegenstellt.

Die Arbeiten von Penck führen vor, daß das Bild als Ort einer politischen Aussage sowohl der Selbstvergewisserung des Künstlers wie der Aufklärung seines Betrachters dienen kann. Indem es eine eigene Sprache für den Zusammenhang von Kunst und Politik findet, begibt es sich in eine Auseinandersetzung, die die ästhetische Dimension des Kunstwerks als Wirkungskraft miteinbezieht. Penck entdeckt diese Kraft in zeichenhaften Abstrahierungen, die zum einen zu prägnanten Einzelchiffren, zum anderen zu komplizierten Zeichenstrukturen führen. Diese Arbeit mit Chiffren und Piktogrammen hebt die Bilder aus unmittelbaren zeitgenössischen Politikbezügen heraus. Sie zielt auf ein Allgemeines, weil sie jede historische Situation von Grundverhaltensmustern bestimmt sieht.

Jörg Immendorff

Der 1945 geborene Düsseldorfer Künstler Jörg Immendorff, mit Penck gut befreundet, versucht dagegen, die politische Gegenwart direkt in seine Malerei einzubeziehen, um sie zu entlarven und zugleich zu beeinflussen. Ob allerdings die Malerei den politischen Effekt erzielen kann, den sie ausüben möchte, steht durchaus als Zweifel hinter seinen Bildern, auch wenn sie – auf den ersten Blick – von einem kaum zu irritierenden, lautstarken Sendungsbewußtsein zu sprechen scheinen.

1966 schafft Immendorff ein Bild, das seine damalige Überzeugung plakativ zum Ausdruck bringt: ›Hört auf zu malen!‹ (Abb. 33). Als Bild gefaßt, wirkt diese Parole wie ein kurioser Selbstwiderspruch, der die eigene Arbeit ad absurdum führt. Doch das war nicht Immendorffs Intention. In seinem Buch ›Hier und Jetzt. Das tun, was zu tun ist‹ schreibt er 1973: »In diesem Bild wollte ich mein Unbehagen über eine Malerei äußern, die sich selber genug ist und zu keinem Problem Stellung nimmt. Es ist gegen eine Malerei gerichtet, die beliebig zu deuten ist. Ist diese Absicht ohne Kommentar zu erkennen? – Man muß doch annehmen, ich wollte die Malerei überhaupt abschaffen. Auch ohne Kommentar bezieht dieses Bild eine Position. Die Position der Unklarheit. Mein Wollen war nicht entscheidend, sondern das Ergebnis.«[11]

Die Konsequenz, die Immendorff aus seiner Forderung zieht, führt ihn Ende der 60er Jahre zur Aktionskunst in die Nähe von Joseph Beuys. Doch dessen »positiven« Ansatz interpretiert er in groteske, neo-dadaistische Aktionen um, die ihre politische Wirkung durch ein spektakuläres Mißverhältnis von Anliegen und Darbietung gewinnen sollten. Die ›Lidl‹-Aktionen, die Immendorff veranstaltet, suchen die Provokation mit bewußt »kindischen« Mitteln, die der Verdummung der Öffentlichkeit ihr eigenes Zerrbild entgegenhalten.[12]

Doch der vage Charakter der ›Lidl‹-Aktionen, der eine offene Ästhetik ausprobiert, erzielt nicht die Prägnanz, die Immendorff zunehmend von der Politik in der Kunst fordert. Die Kehre, die er in seiner Arbeit ausführt, geschieht deshalb zum einen mit dem Blick auf die »effektive« sozialistische Agitprop-Malerei, zum anderen durch eine Ausrichtung auf eine Parteilichkeit, die streng eingebunden ist in bestehende politische Programme. Immendorff versucht, sich mit seinen Bildern an die Masse der Werktätigen zu wenden, zugleich aber will er den Bezug zum »bürgerlichen« Kunstkontext nicht aufgeben. So läßt er auf dem Bild ›Eine »Kunstaktion«‹ (Abb. 34) die Arbeiter Fragen stellen, die sie selbst nie stellen würden, weil sie nicht zu ihrem Wahrnehmungsfeld gehören.

Immendorf will »realistisch« sein, doch der Ansatz für seinen Realismus basiert letztlich auf einer Selbsttäuschung. Denn auch dann, wenn ein Arbeiter die Beuys-Aktion ›Ausfegen, 1. Mai 1972‹ beobachtete oder wenn er – in einer Galerie – das ›Schwarze Bild‹ von Palermo entdeckte, würde er kaum die ihm von Immendorff auf seinem Bild in den Mund gelegten Fragen stellen: »Für wen machen diese Künstler ihre Arbei-

33 Jörg Immendorff. Hört auf zu malen! 1966. Öl auf Leinwand. 120 × 120 cm. Stedelijk Van Abbemuseum, Eindhoven

Text within the image:

EINE „KUNSTAKTION"

Haltmal!

BEUYS'AKTION AUSFEGEN AUF
DEM KARL MARX-PLATZ IN
BERLIN-NEUKÖLLN AM 1.MAI 72

192

EIN „KUNSTWERK" VON PALERMO

Für wen machen diese Künstler ihre Arbeiten? Wem nützt es, wenn der Beuys am
1.Mai, dem Kampftag für die politische und soziale Befreiung der arbeitenden
Menschen, sein Kunstsüppchen kocht und aufgekehrte Flugblätter,verpackt
in Tüten,als ›Kunst‹ andrehen will? Bei dem schwarzen Bild haben wohl
›Kunstkenner‹ alle Hände voll zu tun,um dem Sinnlosen einen Sinn zu
geben. Diese Art von Kunst hilft nur die Gegensätze in der kapitalistischen
Gesellschaft zu verkleistern. Künstler,wenn ihr nicht länger Handlanger der Kapitalisten sein wollt,so stellt das wirkliche Leben dar...
Streiks gegen Monopol kapital und Gewerkschaftsführung, gegen die Lohn-
raubpolitik der SPD/FDP-Regierung,den staatl. Terror gegen Kommunisten
und fortschrittliche Menschen, Ermutigt die arbeitenden Menschen,
durch die Darstellung der Kampferfolge, Schafft euch die Grundlage für
eine Kunst im Dienste des Volkes, durch die aktive Teilnahme am Kampf
gegen Imperialismus - Ausbeutung und Unterdrückung!

34 Jörg Immendorff. Eine »Kunstaktion«. 1973. Acryl auf Leinwand. 130 × 200 cm (2 Teile). Galerie Michael Werner, Köln

ten? Wem nützt es, wenn der Beuys am 1. Mai, dem Kampftag für die politische und soziale Befreiung der arbeitenden Menschen, sein Kunstsüppchen kocht und aufgekehrte Flugblätter, verpackt in Tüten, als ›Kunst‹ andrehen will? Bei dem schwarzen Bild haben wohl ›Kunstkenner‹ alle Hände voll zu tun, um dem Sinnlosen einen Sinn zu geben. Diese Art von Kunst hilft nur die Gegensätze in der kapitalistischen Gesellschaft zu verkleistern. Künstler, wenn ihr nicht länger Handlanger der Kapitalisten sein wollt, so stellt das wirkliche Leben dar...«

Die in diesem Text formulierte Analyse wie Forderung wird von Immendorff in seinem eigenen Bild nicht »realisiert«. Sowohl die angestrebte Wirkung wie auch die hierzu benutzte Ästhetik verfehlen die gesellschaftliche und kulturelle Wirklichkeit, weil sie von einer Gesellschaftsstruktur ausgehen, die nicht mit den realen Ver-

hältnissen übereinstimmt. Durch »Agitprop« sind die Massen nicht zu bewegen, sich zu verändern. So ergibt sich die widersprüchliche Situation, daß der Adressat von Immendorffs Bild letztlich gar nicht die Arbeiterschaft ist, sondern eben der Kunstkontext, den er durch seine ästhetischen wie politischen Aktivitäten bekämpfen will.

Auf einem ›Selbstbildnis im Atelier‹ von 1974 sitzt er, seine Situation begreifend, einsam in einem leeren Raum und malt von einem Foto solidarisch verbrüderte demonstrierende Arbeiter ab (Abb. 35). Das Gemälde, das hier als Bild im Bild entsteht, hat sein genau vorgezeichnetes »Schicksal« vor sich. Über die bürgerliche Galerie wird es seinen Weg in eine Privatsammlung oder ein Museum finden und sich dort als eine extreme ästhetische Formulierung »aus den 70er Jahren« neben anderen Kunstformulierungen einreihen.

Diese Erkenntnis führt Immendorff um 1975 zu einer Revision seiner politisch-ästhetischen Haltung. Da Kunst offensichtlich mit den von ihm gewählten Mitteln keine unmittelbare soziale Veränderung einleiten kann, findet er zurück zu einem Bildbegriff, der auf die Komplexität der ästhetischen Erfahrung – ihrer vermittelten und vermittelnden Wirkung – Bezug nimmt.

Immendorff entwickelt eine politische Allegorik, die durch eine Vielzahl von Hinweisen, Verschlüsselungen und Andeutungen der vielschichtigen Wirklichkeitserfahrung mit den Mitteln der Kunst gerecht werden will. Kernstück für diese neue Art der politischen Malerei ist seine Bilderfolge ›Café Deutschland‹, die eine Gegenposition zu Renato Guttusos ›Caffè Greco‹ darzustellen versucht: »Das ›Café Deutschland‹ (Ft. 3) ist nicht das sonnendurchflutete Lokal im Herzen Roms. Immendorf meint eine beliebige Diskothek z. B. in der Düsseldorfer Altstadt. – Nicht mehr die bürgerliche Einrichtung des Cafés, sondern eines der Lokale, die der Generation der Jugendlichen als Treffpunkt dient – typisch für die sechziger und siebziger Jahre in Deutschland. In diesen ›unpolitischen‹ Raum, der die Schummrigkeit der Diskotheken und die Langeweile einer belanglosen Zeitvergeudung hat, integriert Immendorff weiterführende Bedeutungselemente: Die beiden schräg von unten in den Raum stoßenden Reliefblöcke, in der Mitte des Bildes das Selbstbildnis des Malers, der die Hand durch die Mauer streckt, dahinter die Säule mit dem Porträt Pencks vor dem Brandenburger Tor, den runden Tisch mit Honnecker und Schmidt und die gespenstische Szene des hakenkreuzschwingenden Adlers, der drohend in der linken Bildhälfte über den Tanzpaaren schwebt.

Die Tänzer haben ein ähnliches Gewicht in der Komposition wie die Gelangweilten an der Theke. Beide Bildteile illustrieren die Alternativen und den Unterschied zu der entschlossenen Haltung des Malers, der die Hand durch die Mauer streckt. Rechts die Apathie oder Resignation, kompensiert durch Erotik, links die Schwär-

35 Jörg Immendorff. Selbstbildnis im Atelier. 1974. Kunstharz auf Leinwand. 200 × 150 cm. Galerie Michael Werner, Köln

merei oder Ekstase des Tanzes. Der Tänzer mit der geteilten Kleidung im Vordergrund ist Immendorff selbst. Halb als Bohémien, halb als ›normaler‹ Diskothekenbesucher gekleidet, gibt Immendorf einen Hinweis auf die Situation des Künstlers, der sein Herkommen aus der Randgruppe, zu der die Künstler seit dem 19. Jahrhundert geworden sind, ablegen möchte, indem er den Tanz als Einstieg in die Wirklichkeit benutzt, jedoch erkennt, daß auch diese Wirklichkeit nicht auf der Ebene des Wirklichkeitsgewinns durch Handeln liegt, auch wenn das Liebespaar als Symbol für gesellschaftlichen Aufbau gelten kann. Die Absicht der Darstellung erschließt sich in einer ersten Anordnung am vorderen Bildrand. Der Reliefpfad links mit der Vertreibungsszene und der Pfahl rechts mit den Utensilien und Drahtziehern von Abhöraffären bilden symbolisch Ost und West in dem deutschen Café ab. Zwischen diesen steht der Maler, dessen Gegenüber nur als Spiegelbild auf dem Pfeiler zu sehen ist: Penck, auf der anderen Seite des Brandenburger Tores. Ihm reicht Immendorff die Hand, durch die Mauer hindurch, ohne daß Penck die Geste erwidern könnte.« (Siegfried Gohr)[13]

Diese detaillierte Analyse der Ikonographie von Immendorffs Bild, die jedoch nur auf einen Teil der Anspielungen und visuellen Verweise eingeht, zeigt, daß das Werk letztlich nicht unmittelbar, sondern nur durch zusätzliche Informationen zu entschlüsseln ist. Eine solche Aufschlüsselung (die neben den zahlreichen Hinweisen auf Immendorffs Einschätzung der »deutschen Wirklichkeit« etwa auch auf die Bedeutung der in vielen Bildern wiederkehrenden Figur Brechts für Immendorffs Zyklus hinweisen müßte) führt jedoch nicht zu einer eindeutigen politischen Aussage, die auf die Formel eines Urteils oder einer Forderung gebracht werden könnte. Ins Panorama der Wirklichkeit dringt in diesem Bild das extrem Private. »Im Mittelpunkt von Abbildern der Symptome der unterschiedlichen gesellschaftlichen Systeme in Deutschland steht die konkrete, bildnismäßige Gestalt des Malers, der die Synthese der Gegensätze nicht in metaphysische oder ästhetische Konstruktionen verlegt, sondern ein vom konkreten Schicksal (Penck) ausgehendes Handeln fordert.« (Gohr)[14]

Die Einbeziehung der Künstlerthematik ins Werk verändert seit 1977 zunehmend die Malerei Immendorffs. Vom didaktisch-agitatorischen Charakter seiner frühen Arbeiten findet er in den 16 Fassungen des ›Café Deutschland‹ zu einer eigenen Bildwirklichkeit, die in immer wieder neuen Zusammenstellungen die Requisiten seiner Arrangements uminterpretiert. In die letzten Paraphrasen der Serie schieben sich gigantische Schneesterne und Eisschollen, deren Form auf bizarre Weise dem Umriß der Bundesrepublik entspricht. Deuten läßt sich das als »deutschdeutsche Vereisung«, als Beschreibung eines Zustandes, dessen Kälte kaum noch Platz gewährt für Kunst und menschliche Beziehungen.

Zugleich aber findet eine stetig zunehmende Vereinfachung der Bildsprache statt, die von den überbordenden Szenarien zu prägnanten Einzelformen führt, deren auf den ersten Blick simple Größe einen Gewinn an Aussage darstellt: In ›Naht‹ (Ft. 4) treibt eine sternförmige Eisscholle, voluminös und weich auf dem Wasser, eingeritzt ist ein blutiges Zeichen, das sich als stilisiertes Brandenburger Tor mit Quadriga lesen läßt. Schußwunden und Friedensrunen benennen die Widersprüchlichkeit des Bildes, das wie ein politisches Emblem wirkt, ohne jedoch zu einem »Parteiabzeichen« zu werden. Die »ungelenke« Handhabung der Malerei, die schlichte Einbeziehung des Titels, verstärken den Eindruck eines politischen Engagements, das seine eigene Bild-Sprache finden möchte.

Anselm Kiefer

Bilder als lesbare Chriffren für Geschichte, das Malen als zeitgenössischer Reflex auf die in den Köpfen aufbewahrte Vergangenheit, der Künstler als der Sinnstifter historischer und zugleich zeitgenössischer Selbsterfahrungen, dies sind einige Aspekte, die dem Betrachter von Werken des 1945 geborenen Anselm Kiefer bewußt werden. Ihre Themen, stets deutlich benannt und oft in die Bilder eingeschrieben – ›Malen = Verbrennen‹ (1974, Abb. 36), ›Resumptio‹ (1974, Ft. 17), ›Deutschlands Geisteshelden‹ (1974), ›Märkische Heide‹ (1974, Ft. 19), ›Des Malers Schutzengel‹ (1976), ›Varus‹ (1976), ›Wege der Weltweisheit‹ (1976/77, Ft. 18), ›Noch ist Polen nicht verloren‹ (1978), ›Die Meistersinger‹ (1982, Ft. 20) –, provozieren Stellungnahme und Kritik, zugleich aber lenken sie den Blick auf ihre malerische Umsetzung. Kiefers Malerei ist spröde, von einer irritierenden Direktheit des Ausdrucks, der jedes Selbstlob und jede zur Schau gestellte Virtuosität fehlt.

Zwischen Themen und Malerei entstehen Spannungen, untergründige Widersprüche und Vorbehalte, die die Bilder mehrdeutig werden

36 Anselm Kiefer. Malen = Verbrennen. 1974. Öl auf
Leinwand. 220 × 300 cm. Slg. Prof. Wolfgang Hahn,
Köln

37 Anselm Kiefer. Palette. 1980/81. Mischtechnik auf
Rupfen. Ca. 290 × 400 cm. Slg. FER

lassen. Keinesfalls kann man sie als Belege einer ideologischen Propaganda lesen, wie es die Kritik bisher so häufig tat, weil sie – ohne genauer hinzusehen – sich allein von den von Kiefer angesprochenen Themen in ihren Urteilen bestimmen ließ. Seine Themen sind ungewohnt, in gewisser Weise anachronistisch, auf jeden Fall problembeladen. Daß sie die – negative – Kritik herausfordern, ist kein Zufall, denn sie sind eng mit Verdrängungen und Tabus verbunden, die in Deutschland immer noch virulent sind.

Im Zentrum von Kiefers Arbeit steht die Malerei: gefährdet (›Bilderstreit‹, 1977, Abb. 39; ›Palette‹, 1980/81, Abb. 37), aber auch beschützt (›Des Malers Schutzengel‹, 1976), gefährdend (›Malen = Verbrennen‹, 1974, Abb. 36; ›Nero malt‹, 1974), aber auch beschützend (›Sende Deinen Geist aus‹, 1974). Alle seine Werke – Gemälde, Holzschnitte, Aquarelle, übermalte Fotos, Bücher – umspielen die Thematik des Künstlers als eines Schnittpunktes von individueller Erfahrung und überindividueller Bedingtheit, von eigener Bild-Sprache und überliefertem Bild-Denken. Wie eine Last taucht Geschichte auf, alles scheint von ihr besetzt zu sein, und dennoch bildet sie den einzigen Horizont, vor dem sich Kiefer offensichtlich zu formulieren vermag. Denn will er die festgefügten und sank-

tionierten Geschichtsbilder nicht einfach übernehmen, so ist er aufgefordert, die Geschichte für sich zu interpretieren und in der Kunst sichtbar zu machen. Das aber heißt, ihr wird jede Eindeutigkeit aus Prinzip geraubt.

Als Kiefer Ende der 60er Jahre die Schweiz, Frankreich und Italien »besetzte«, indem er sich an verschiedenen Orten mit erhobener rechter Hand salutierend fotografieren ließ, so besaß dies noch eine aus der Aktionskunst stammende Direktheit, die verhältnismäßig eindimensional wirkte.[15] Erst 1970, als Kiefer das, was auf den Aktionsfotos geschah, in eine Reihe von Gemälden umsetzte, ergab sich ein neuer Bezug für sein Handeln, der in den ›Heroischen Sinnbildern‹ genügend Gebrochenheit wachrief, um Kiefers Haltung mit der Frage nach der Malerei und der Kunst zu verbinden.

Seitdem lassen sich die Werke Kiefers als visuelle Bewußtseinsbilder verstehen, die ein Spektrum von Themen umkreisen: Geschichte, deutsche Geschichte und zugleich Mythologie, deutsche Landschaften als geschichtsträchtige Räume, Kunst und die Gefährdung von Kunst – das sind die entscheidenden Fixpunkte in Kiefers Arbeit. Sie wird immer wieder bewegt und in Gang gesetzt durch alltägliches Erleben, durch den Einfluß, den sein Wohnort und die ihn umgebende Gegend auf ihn haben. Privates wird zum Anlaß genommen für Allgemeines. Metamorphosen finden statt, die sowohl die Kunst wie die Wirklichkeit als einen sich symbiotisch wandelnden Bedeutungskomplex sichtbar machen.

Anfang der 70er Jahre malt Kiefer Holzinnenräume, die durch seine über die Titel vermittelten Interpretationen zu Gedenkräumen werden, zu »Speichern« eines historischen Erinnerns. Das Bild als »Raum« versammelt Namen aus der nordischen Mythologie: Gunther, Hagen, Rüdiger, Krimhild (›Nibelungen Leid‹, 1972) bzw. ›Parsifal‹ (1974, Abb. 38), oder Namen aus dem deutschsprachigen Geistesleben: Richard Wagner, Joseph Beuys, Caspar David Friedrich, Friedrich II., Robert Musil . . . (›Deutschlands Geisteshelden‹, 1974). Die Gründe für die Ver-

sammlung dieser Namen jedoch bleiben dem Betrachter verborgen. Deutungen sind möglich, deren Basis jedoch stets sein muß, daß hier Geschichte (Tradition) individuell vermittelt und – im Bild – erlebt wird. Es gibt keine Autorität, die Kiefers Geschichtsbild stützt, selbst die Bilder machen mit ihrer unübersehbaren Theatralik den Eindruck, als ob die wahre Ursache für das ausgestellte Geschichtspanorama noch jenseits ihrer selbst zu suchen sei.

Dies gilt auch für Kiefers programmatisches Werk ›Resumptio‹ aus dem Jahre 1974 (Ft. 17). Es zeigt ein Grab, über dem eine geflügelte Palette schwebt. Doch diese Palette wirkt nicht wie ein realer Gegenstand, weder auf noch in dem Bild, sondern wie eine Vision. ›Resumptio‹ (in der katholischen Theologie die Aufnahme der

38   Anselm Kiefer. Parsifal. 1974. Öl auf Rauhfasertapete auf Leinwand. 300 × 430 cm. The Tate Gallery, London

Jungfrau Maria mit Leib und Seele in den Himmel) als eingeschriebenes Thema des Bildes rückt die Kunst auf anschaulich und fast naivbestürzende Weise in die Nähe der Religion. Deren Verheißung, daß aus dem Sterben und Vergehen das ewige Leben wird, verbindet sich mit dem Heilsbewußtsein der Kunst.

Die Direktheit und Einfachheit der Mittel, die Kiefer einsetzt, erzeugen ein Staunen darüber, daß eine Malerei dies auf eine solche Weise überhaupt auszudrücken wagt. Zugleich nehmen die Mittel die thematische Hypertrophie der Bilder zurück. ›Resumptio‹ wirkt wie die Umschreibung einer Idee, wie die Annäherung an eine Vorstellung, deren jenseits liegender Botschaft man glauben und vertrauen muß.

So sind etwa auch die ›Wege der Weltweisheit‹, die Kiefer in einem Bild von 1976/77 zeichnet, allein als *seine* Wege zu akzeptieren, nicht als objektive Geschichtsschreibung (Ft. 18). Eine »kritische« Historiographie ist nicht beabsichtigt: »Im Zentrum des sehr großen Bildes (305 × 500 cm) erscheint ein Waldausschnitt, vor dem gefällte oder umgefallene Bäume liegen; einige davon brennen. In diesem Trümmerfeld liegt die auf die Fläche gesetzte Inschrift: ›Die Hermanns-Schlacht‹. Vom Trümmerfeld aus führen sich verzweigende Linien, die wie ein ›Stammbaum‹ aussehen, an den Bildrand. Zugleich können diese Linien als Wege gesehen werden. Um den Waldraum herum, im Bereich, wo die Wege des ›Stammbaumes‹ hinführen, sind neben den Porträts von Tusnelda und Hermann jene von deutschen Dichtern, Philosophen, Militärs u. a. gemalt: Kleist, Grabbe und Klopstock haben das Thema der Hermannschlacht in Dramen verarbeitet – Kleist, 1808 zur Zeit der Besetzung Preußens und des Rheinlandes durch Napoleons Armeen (Königin Luise von Preußen floh vor Napoleon in den Osten, später habe sie mit ihm eine Liaison gehabt; Blücher hatte entscheidenden Anteil am Sieg bei Waterloo; auch Clausewitz kämpfte gegen Napoleon; der Philosoph Fichte unterstützte das, was die Französische Revolution an Freiheit brachte, er verfaßte 1793

eine Schrift mit dem Titel: ›Zurückforderung der Denkfreiheit von den Fürsten Europas, die sie bisher unterdrückten‹), wandte sich dann entschieden gegen Napoleons Imperialismus; ähnlich auch Hölderlin: für die Revolution, gegen Napoleon. Bis hierhin scheint der Zusammenhang klar: die Hermannschlacht und die Kriege gegen Napoleon waren Freiheitskämpfe; weit auseinanderliegende Zeiträume werden aufeinanderbezogen. Es erscheinen aber auch die Porträts Rilkes, Stefan Georges und Martin Heideggers sowie des preußischen Generals Schlieffen. Hier taucht plötzlich ein anderer Aspekt auf: bei George und Heidegger die direkte oder indirekte Unterstützung der Nazis, also des sehr schrecklichen deutlichen Napoleonismus; Schlieffen entwickelte den Angriffsplan für den weiteren Aspekt. Von dieser Beschreibung her kann gesagt werden, daß das Bild über seine Zeichen einerseits den Freiheitskampf der Deutschen und andererseits ihre Eroberungskriege, die immer mit der Unfreiheit anderer Völker verbunden sind, darstellt. Es ist also vordergründig die deutsche Geschichte, die hier reflektiert wird, und zwar nicht nur die politische Geschichte, sondern auch jene der Gedanken und Ideen. Die Auswahl der Gestalten ist aber nicht ›objektiv‹ oder vollständig. Es ist die deutsche Geschichte, wie sie Anselm Kiefer sieht, genauer gesagt: es ist die deutsche Geschichte, wie sie Anselm Kiefer in einigen Gestalten, die er kennt, sieht. Dieser Aspekt *seiner* Verarbeitung dessen, was war, zeigt sich in der Zusammenstellung der Porträts. Hölderlin ist näher bei Tusnelda als Hermann, Rilke und Königin Luise bilden ein Doppelporträt usw. Daß aber diese Zusammenstellung nicht beliebig ist, sondern nach Anselm Kiefers Absicht geschah, zeigt sich darin, daß beim Bild ›Varus‹ (1976) schon ganz ähnliche Gruppierungen auftauchen.«[16]

Theo Kneubühlers Deutung des Bildes zeigt auf, daß das Werk keine eindeutige Botschaft vermittelt, daß im Miteinander der Geschichtsentwürfe stets das zu Bejahende mit dem Verneinenden auftritt, daß Geschichte immer interpre-

39　Anselm Kiefer. Bilderstreit. 1977. Öl auf Leinwand. 220 × 270 cm. Stedelijk Van Abbemuseum, Eindhoven

tierte Geschichte ist, ein »Diskurs«, der geprägt wird vom Bewußtsein und der Erfahrung des Künstlers, aber auch – ganz entscheidend – von der des Betrachters. Kiefer sieht sich im Bezug zu diesem Geschichtsbild, er zeigt seine tiefe Abhängigkeit und zugleich seine Freiheit gegenüber der Überlieferung. Kunst reißt bei ihm immer Abgründe auf, und dennoch will sie stets Heil stiften. Sie selbst kann in den Abgrund gerissen werden (›Ikarus‹, 1976; ›Fallender Engel‹, 1979) und dennoch wird sie auferstehen (›Resumptio‹, 1974, Ft. 17; ›Phönix‹, 1981).

Ein existentieller Ernst bestimmt Kiefers Schaffen, ein Kampf darum, mit aller Kraft und allem Recht Künstler zu sein in einer Zeit, die die Visionen des Künstlers kaum ertragen will und die den Zweifel an seinem exemplarischen Sprechen zur Bedingung der Kunst machte. Von hier aus besitzen die Arbeiten Kiefers zugleich die Spuren des Zweifels und der Herausforderung der eigenen Legitimation. Gelingen und Scheitern zeigen sich als eine Wanderung auf einem schmalen Grat. Seine Werkfolge ›Der Bilderstreit‹ von 1977/78, die sich auf den byzantinischen Bilderkampf des 8./9. Jahrhunderts bezieht, stellt die Frage nach der Berechtigung der Bilder in der Wirklichkeit, zugleich zeigt sie die Kunst in der Bedrohung durch die (realpolitische) Macht (Abb. 39). Damit taucht das Problem der Legitimation von Kunst auf, und zwar nicht in dem plumpen Sinne, ob gute oder schlechte Malerei, sondern in dem viel grundlegenderen, ob Malerei, ob Kunst, *überhaupt.*

Dies Grundsätzliche in der Arbeit Kiefers zeigt sich auch in der Behandlung seiner Themen in umfangreichen Werkkomplexen, die nicht als beliebige Wiederholungen eines Bildeinfalls oder Sujets zu verstehen sind, sondern als Ausloten einer Fragestellung bis in ihre feinsten Verästelungen hinein. Die Konzentration auf ein Thema soll offensichtlich bis zu einer Art Erschöpfung führen, bis zu dem Punkt gelangen, an dem die gemalten Lösungen über den Themenkomplex hinausführen zu neuen Fragen. Den ›Heroischen Sinnbildern‹ (1970) folgen so die ›13 Landschaften für Julia‹ (1971), den ›Holzinnenräumen‹ (1972–1974) antwortet die ›Malerei der verbrannten Erde‹ (1974).

Kiefer definiert sich in seinen Werkkomplexen in einem Spannungsfeld von Denken und Malen. Er baut ein empfindliches Gleichgewicht auf, das seine Kraft dadurch erhält, daß es stets über die Person des Künstlers hinausgelangt in Bereiche der kollektiven Erinnerung und der kollektiven Erfahrung. Mythen finden Eingang in Kiefers Bildwelt (›Siegfried vergißt Brünhilde‹, 1976), historische Ereignisse, die die Geistesgeschichte des Abendlandes prägten (›Bilderstreit‹, 1977/78). Doch diese Bilder sind keine Historienbilder etwa im Sinne Delacroix' oder Géricaults. Sie illustrieren kein »Ereignis«, sondern sind selbst Ereignis, Denk-Bilder und Bild-Prozesse, offene Bedeutungsfelder, die sich im Sehen beständig wandeln. Die ›Wege der Weltweisheit‹ (1976/77, Ft. 18) sind verschlungen, voranführend und in sich zurückkehrend. Sie sind rätselhaft wie die Chiffren, die für den mythologischen Komplex von ›Urd, Werdandi, Skuld‹ (1979) von Kiefer gefunden werden.

Lassen sich hier die Beziehungen zwischen Bild und Thema nur schwer auflösen, so zeigt der Werkkomplex Margarete/Sulamith von 1981 eine fast eindeutige »Botschaft« (Abb. 40). Kiefer greift zwei Zeilen aus Paul Celans Gedicht ›Todesfuge‹ heraus

Dein goldenes Haar Margarete
Dein aschenes Haar Sulamith

und variiert in einer umfangreichen Folge die Assoziationen zu diesem Thema. Dabei evoziert er nicht nur durch das Bild der beiden gegensätzlichen Frauen, sondern auch durch Bezüge zur deutschen Landschaft und deutschen Geschichte das leidvolle Drama, das mit diesen beiden Namen verbunden ist. Sichtbar werden die Schuldverstrickungen der deutschen Vergangenheit, erlebbar werden die Umfelder, in denen sie zu begreifen sind. So wie in Celans Vers Sulamiths »aschenes Haar« auf beklemmende Weise an die Vernichtung der Juden erinnert, so berührt in Kiefers Bildern die Einfügung von »goldenem« Stroh das Thema des Lebens vor dem Hintergrund des Todes.

In Kiefers Bildern findet eine »andere«, visuelle Geschichtsschreibung statt, die nicht nur von der Vergangenheit und Gegenwart berichtet, sondern die in der Kunst auch das Heil aufscheinen lassen will, das in die Zukunft führt. Dieses – ahnbare – Heil entstammt nicht dem Wissen, eher dem Mitleid. Und die Bilder sind keine Dokumente einer Überzeugung, sondern eher der Versuch eines Sprechens als »reiner Tor«. Momente der Vergeblichkeit tauchen auf, des Scheiterns und der Selbstgefährdung. Dies macht die Bilder Kiefers wichtig und stellt sie zugleich in Frage.

So ergibt sich das Problem, ob etwa zwischen dem historisch aufgeladenen Titel ›Märkische Heide‹ (1974, Ft. 19) und dem »Bild« – der Darstellung einer Landschaft – überhaupt ein adäquater Bezug bestehen kann. Ob das Bild nicht vielleicht auf ebenso seltsame Weise sein Thema »verfehlt«, wie ›Nero malt‹ (1974). Auf dem Bild sehen wir über blutgetränkten Ackerfurchen, einem Tannenwald und einem brennenden Dorf eine Palette schweben, in deren Zentrum – fast mit Kinderschrift – die Worte stehen: »Nero malt«. Natürlich erzeugen Titel und Bild sofort eine visuelle-verbale Metapher. Die Erinnerung an den harfespielenden Nero und das

40 Anselm Kiefer. Dein aschenes Haar, Sulamith. 1981. Öl auf Leinwand. 170 × 130 cm. Galerie Paul Maenz, Köln

brennende Rom wird umgedeutet in eine deutsche Szenerie. Doch auch diese metaphorische Erklärung beruhigt uns nicht, sondern führt uns weiter in die Verunsicherung. Oder, als anderes Beispiel: Wie können die geschminkten Männer in ihren Nachthemden in einer Fotofolge in ›Artforum‹[17] als Gilgamesch und Enkidu »ernst«-genommen, wie können Bilder mit einer eisschollenbedeckten Zinkwanne, in deren »freien« Gewässern Spielzeugschiffe schwimmen, mit Hitlers Invasionsplan ›Seelöwe‹ in Verbindung gebracht werden? – Fragen, die an die Grundsubstanz von Kiefers Werk gehen und die es dennoch verfehlen, weil die Bilder ihre Gefährdung durch eine suggestive Richtigkeit überspielen, indem sie ihre Selbstinfragestellung als adäquate Reflexion ihrer eigenen Bedingungen sichtbar machen.

Immanuel Kants Maxime »Der gestirnte Himmel über mir, das moralische Gesetz in mir« bindet Kiefer in einer Foto-Inszenierung an seine eigene Person und kommentiert sie durch Übermalung (Frontispiz). Die strahlende Palette »im Bauch«, die Schlange als Zeichen des Bösen und der Gefährdung, nehmen Kants Aussage die bewußtlose Glätte, die sie als intellektuell-pädagogisches Zitat – folgenlos – für die deutsche Geschichte im Laufe der Jahrhunderte erhielt, und wenden sie in eine subjektive Verantwortung. Das hat nichts mit »gemalter Philosophie« zu tun, sondern mit der Anverwandlung einer philosophischen Forderung an das eigene Leben und die Arbeit, die es bestimmt. Wird hier die Künstlerproblematik des Malers als »exemplarischer Sprecher« in der Gegenwart offensichtlich, so erscheint diese Thematik in anderen Werken Kiefers in fast hermetischer Verschlüsselung.

Die Bilderfolge ›Die Meistersinger‹ (1981/82), die sich über ihre Ikonographie und das benutzte Material (Stroh und Malerei) mit dem Zyklus ›Margarete/Sulamith‹, aber auch mit den Arbeiten ›Johannisnacht‹ verbinden läßt, weckt den Bezug zu Wagners Oper, ohne sie zu illustrieren, geschweige denn zu verherrlichen. Dreizehn (die Zahl der Meistersinger bei Wagner) numerierte Strohhalme verbrennen auf einem ovalen Grund. Ihr fahles, verzehrendes Feuer illuminiert die Szene:

... zerging in Dunst,
das heil'ge röm'sche Reich,
uns bliebe gleich
die heil'ge deutsche Kunst!

Daß das Reich verfiel, war für Wagner Wirklichkeit, daß die Kunst den Künstler verzehrt, scheint für Kiefer eine Notwendigkeit ihres Leuchtens zu sein. ›Malen = Verbrennen‹ ist der Preis für das Überleben und die Wahrheit der Bilder. Die Szene, die sie beleuchten, erscheint als unwirkliche Wirklichkeit, der durchaus Züge einer Endzeit anhaften, obwohl sie von einer Zukunft sprechen möchte.

Kunst und Gewalt, Aufbau und Zerstörung, Zeigen und Verbergen, Sprechen und Schweigen. Bei Kiefer gibt es nichts Eindeutiges. Die Bilder sind – wie die Welt, wie die Geschichte, wie die Mythen, wie das Ich – ambivalent. Es gibt kein Gut *oder* Böse, kein Dafür *oder* Dagegen: Es gibt *beides, es bedingt* sich. So muß die Trinität um Satan zur ›Quaternität‹ erweitert werden. So stehen »Genet – Huysmans – Ludwig II. von Bayern« in seiner Selbstbiographie[18] neben »Paestum – Adolf Hitler – Julia«, so steht Klopstock neben Blücher und Kleist neben Clausewitz (Ft. 18). ›Die Wege der Weltweisheit‹ sind labyrinthisch. Kiefer liefert keinen Ariadnefaden, keine Deutung, keine Lösung. Im Gegenteil: Er liefert den Zwiespalt, den Zweifel. Die Entscheidung liegt beim Betrachter. Er trägt die Verantwortung.

»Unzeitgemäß« auf unsere Zeit verweisend widerstreben die Bilder Anselm Kiefers der problemlosen Aneignung. Wie kaum ein anderer deutscher Künstler der Gegenwart hat er die Malerei in ein komplexes Bedeutungsgefüge hineingeführt. Zugleich aber gibt es auch kaum einen anderen deutschen Künstler, der sich auf solch widersprüchliche Weise mitteilt und zugleich verbirgt.

Sigmar Polke

Ironie, Kritik, Selbstkritik, Infragestellungen, Albernheiten, Persiflagen, Ernst sind einige der Stichworte, die zum Werk des 1942 geborenen Sigmar Polke genannt werden und die es – durch Widersprüche – charakterisieren. Jede Fixierung der Wirkung oder Bedeutung seiner Arbeiten wird immer wieder von neuem in Frage gestellt und auf noch nicht wahrgenommene Aspekte umgeleitet. Auch die gegenwärtig vorgenommene Einbeziehung der Arbeit Polkes in eine Diskussion um die zeitgenössische Malerei wird nur einem Teil seiner künstlerischen Aktivitäten gerecht. Sie isoliert das, was als »Bilder« zu gelten hat, aus den Zusammenhängen, die diese Bilder umgeben.

Polke arbeitete mit allen nur denkbaren Materialien: Zeichnungen, Bilder, Objekte, Gouachen, Collagen, Streifen- und Textbilder, Konzepte, Arrangements, Fotos, Grafiken im Siebdruck, Offset, Bildfolgen, Bildgeschichten, Film, Video, Leinwand- und Stoffdruck-Bilder, überarbeitet mit Pinsel und Spritzfarbe, Klebetechnik und Streutechnik … ergeben einen sich selbst kommentierenden Kunstkontext, in dem sein Auftreten einen wichtigen Faktor bildet. Gemeinsam ist dieser Fülle von Aktivitäten – auch in der Zusammenarbeit mit anderen Künstlern wie Konrad Lueg, Gerhard Richter, Achim Duchow – eine Spannung zwischen der Person Polkes und dem, was die Arbeiten mitteilen: Sie besitzen eine neutrale, distanzierte Ausstrahlung, auch, wenn sie ›Polke als Palme‹ oder seinen Schriftzug am Sternenhimmel zeigen. Diese Neutralität wird bewirkt durch das Fehlen einer expressiven Haltung und das Vermeiden einer subjektiven Selbstmitteilung, die dem Bereich der Emotion entstammt.

Statt dessen wird die Arbeit Polkes von Anspielungen und Zitaten, von Paraphrasen und Variationen, von Rück- und Querverweisen, von »Originalen und Fälschungen«[19] bestimmt. Die Begründung hierfür läßt sich in dem Kunstbegriff erkennen, wie er sich am Beginn der 60er Jahre formierte. Zu Recht weist B. H. D. Buchloh auf die Beziehung Polkes zur Fluxus-Haltung hin: »Polkes ästhetisches Selbstverständnis und seine Einschätzung der Möglichkeiten künstlerischer Produktion zu Beginn der sechziger Jahre in Deutschland, dürften in dem bekannten Brief des Fluxus Initiators George Maciunas an Tomas Schmit allgemein so zutreffend beschrieben sein, daß er hier noch einmal zitiert werden soll: ›Die Fluxus Ziele sind soziale (nicht ästhetische). Sie stehen (ideologisch) in Verbindung mit denen der LEF-Gruppe – 1929 in der Sowjet-Union – und richten sich auf stufenweise Eliminierung der schönen Künste. (…) So ist Fluxus strikt gegen das Kunst-Objekt als funktionslose Ware, die nur dazu bestimmt ist, verkauft zu werden und dem Künstler den Lebensunterhalt zu geben. Es kann höchstens vorübergehend die pädagogische Funktion haben, den Leuten klarzumachen, wie überflüssig Kunst ist, und wie überflüssig es schließlich selbst ist. (...) Zweitens ist FLUXUS gegen Kunst als Medium und Vehikel fürs Künstler-Ego; die angewandten Künste haben das objektive Problem, das zu lösen ist, auszudrükken, nicht des Künstlers Persönlichkeit oder Ego. Deshalb tendiert Fluxus zum Geist des Kollektivs, zu Anonymität und ANTI-INDIVIDUALISMUS – ...‹ «[20]

In Polkes Arbeit dokumentiert sich das Streben nach Anonymität und Anti-Individualismus in den Jahren 1963 bis 1969 in Bildern, die dem schon im Zusammenhang mit Gerhard Richter erwähnten ›Kapitalistischen Realismus‹ entstammen. Doch während Richter sich dabei stärker um den Aspekt der »Malerei als Malerei« vor dem Hintergrund gesellschaftlich vorformulierter Bildwelten kümmert, geht Polke direkt und unverblümt auf den öffentlichen Geschmack ein. Sein Bild ›Why Can't I Stop Smoking?‹ von 1964 (Ft. 21) entbehrt in seiner ängstlichen Hilflosigkeit jeder subjektiven Ausdrucksqualität und reduziert den Bildanlaß auf eine fast anonyme Mitteilung, wie sie die Ästhetik der Graffiti bestimmt. Doch mit dem Blick auf den Künstler und das von ihm vorgestellte Kunstobjekt ergibt sich angesichts der (scheinbaren) Beliebigkeit des Bildgegenstands das Problem, ob sich die Frage nicht gleichsam verlängern oder übertragen ließe: »Why can't I stop painting?« Denn dieses scheint sicher, vor dem Hintergrund einer sich selbst gewissen Malerei muß die Malerei Polkes als Anti-Kunst erscheinen, deren Kraft jedoch nicht in der Negation dessen besteht, was sie herbeizitiert, sondern im Gegenteil in der Affirmation, die das Verdrängte und vorherrschend Allgemeine ernst nimmt.

So ist auch das ›Urlaubsbild‹ von 1966 (Abb. 41) mit seiner Montagetechnik zeitgenössischer Formen, Farben und Bildchiffren weniger eine Entlarvung oder zynische Bloßstellung eines kleinbürgerlichen Geschmacks, sondern die fast staunende Anverwandlung einer vom etablierten

41   Sigmar Polke. Urlaubsbild. 1966. Dispersion auf Leinwand. 100 × 90 cm. Privatbesitz

Kunstbegriff ausgeschlossenen Ästhetik in den Bereich der Kunst. Diese Ästhetik wird aber nicht in einen subjektiven Stil überführt, sondern unbeteiligt ausgestellt, allenfalls läßt die Signatur die Nobilitierung des Bildes durch den Künstler als Schöpfer – ironisch – ahnen. Die Neutralität der Bildwirkung, die keinen Versuch einer illusionistischen Repräsentanz der Wirklichkeit versucht, bezieht sich auf Requisiten vorgefundener Bildsprachen: Der Tempel, die Palmen, das Meer, aber auch die nierentischförmige Palette oder der Kontrast der strengen graphischen Muster suggerieren einen Geschmack, der mit »Kunst« wenig gemein hat. Sein Zitat in Polkes Bild dringt dennoch über die Klischees hinaus, die Polkes Bild tragen: Hinter Tempel, Palmen und Meer läßt sich ein Glücksversprechen ahnen, das sich *im* Bild gleichsam *gegen* das Bild behauptet. Deshalb wirkt Polkes Malerei – ähnlich wie die von Francis Picabia – bei aller Ironie und Komik ernst, deshalb erweckt sie nicht den Eindruck einer agitatorischen Abrechnung mit der Wirklichkeit oder den Bildern, die die Gesellschaft für diese Wirklichkeit parat hält. Polke sucht eine »Ästhetik jenseits von Gut und Böse«, die einen abgehobenen und dennoch engagierten Standpunkt behauptet.

Ideologiekritik taucht bei Polke in der Form einer lustvollen Bejahung auf. Seine ›Rasterbilder‹, die in den Jahren zwischen 1963 und 1969 entstehen, sind dafür die handfesten und mühevoll hergestellten Belege. Polkes Punkte entstammen einem komplizierten manuellen Übertragungsverfahren, das alle Partikel einer Vorlagenprojektion minutiös ins Bild übersetzt. Darin besteht ein wesentlicher Unterschied zu den Rasterbildern von Andy Warhol und Roy Lichtenstein, die – zeitlich vorhergehend – eine mechanische Technik benutzen.

Der Anachronismus der Produktion verbindet sich bei Polke auf verblüffende Weise mit der Beliebigkeit der Vorlagen. Als Bild entstehen: Tisch, Vase, Knöpfe, Interieur, Frau mit Butterbrot, Portrait Heinz Kluncker, Junge mit Zahnbürste, Köpfe (Negerköpfe), Die Braut, Familie, Bunnies, Fliegende Untertasse, Zirkus, Palmen, Landschaft mit Blumen, Menschenmenge (Abb. 42), Taucher. All dies wird geeint durch einen den Vorlagen entstammenden »Rasterblick«, der aus einzelnen Partikeln ein Gesamt sichtbar macht. Ob dies jedoch als ideologiekritische Entlarvung unserer Medienwirklichkeit verstanden werden kann, scheint fraglich. Denn daß Zeitungsbilder durch die drucktechnische Übersetzung der Photographie im Ben-Day-Dot-Verfahren hergestellt werden, ist kaum mit den durch sie in Umlauf gebrachten Ideologien gleichzusetzen. So wirkt Polkes Verfahren auch eher wie das Gegenteil einer programmatischen Ideologiekritik. Polke entreißt den Medien eine Ästhetik, die durch die Monumentalisierung ihrer benutzten Technik entsteht und die sich auf paradoxe Weise in die Kunst einfügt, obwohl ihr – im traditionellen Sinne – nichts von »Kreativität« oder »Schöpfertum« anhaftet.

Verstehen läßt sich Polkes »mechanische« Bildproduktion als ein Unterlaufen jeder Form gefühlsbetonter Expression, andererseits besitzt

42 Sigmar Polke. Menschenmenge (Rasterbild). 1969. Dispersion auf Leinwand. 180 × 195 cm. Städtisches Kunstmuseum Bonn

das Ausmalen von abertausenden von Pünktchen durchaus obsessive Aspekte. Das schlägt sich auch im Bildbegriff Polkes nieder. Die einmalige malerische Wiederholung des millionenfach gedruckten Zeitungsfotos verleiht der »Reproduktion« die Aura des »Hier und Jetzt«, die die Vorlage schon längst verloren hat. Zugleich relativiert jedoch die Beliebigkeit des Sujets genau diesen Aspekt des künstlerischen »Originals«. Deshalb ist für die ›Rasterbilder‹ das Prinzip der Serie ihre logische Konsequenz.

Raster und vorgefundenes Bildmaterial dienen bei Polke einer Entsubjektivierung ebenso wie dem ironischen Herbeizitieren des tradierten Künstlerbegriffs. Diese Spannung, dieses paradoxe Element, das ein Jenseits unserer verfestigten Vorstellungen wie Wertungen über Kunst sucht, macht den Rang von Polkes Arbeiten aus.

Sie sind nie nur das, was sie scheinbar eindeutig zeigen, sie besitzen aber ebensowenig eine verborgene »Gegenbedeutung«, die durch die »Anstrengung des Begriffs« eindeutig zu benennen wäre. Polke sucht das Paradoxon, und zwar nicht nur in den Themen seiner Bilder (vgl. hierzu etwa die ›Lösungen‹ von 1967/68), sondern

ebenso in ihrer Materialität. So werden die Stoffbilder ästhetisch vorherbestimmt durch das, was
Muster, Dessin, Rapport, Farbigkeit als Bedeutung mittransportieren. Die von der Konfektion
bereitgestellten Wünsche und Sehnsüchte, die in
den Materialien aufscheinen, potenziert Polke in
den Sujets, die er dem Stoff hinzufügt. Das
Material Stoff wird zum »Stoff, aus dem die
Träume sind«. Das reicht von der Filmerotik
eines Mannes zwischen zwei Frauen (Ft. 22)
über ›Palmenbilder‹ bis zu einfachen Stoffbema-
lungen, die abstrakte Zeichen als Garant für
Modernität auf die »schönen« Rapporte der Be-
langlosigkeit setzen. Immer geht es dabei um
das Aufeinandertreffen von vorgefundenem Geschmack und künstlerischem Eingriff, eine Thematik, die Polke in der Übertragung seiner
›Handlinien, links und rechts‹ (1968) auf Stoffbilder visuell erfahrbar macht. Diese Zeichen der –

43 Sigmar Polke. Höhere Wesen befahlen: rechte obere
Ecke schwarz malen! 1969. Lack auf Leinwand. 150 ×
120 cm. Stedelijk Van Abbemuseum, Eindhoven

Höhere Wesen befahlen: rechte obere Ecke schwarz
malen !

einmaligen – Persönlichkeit werden auf dem
Untergrund der Stoffmuster selbst zum Muster.
  Wer prägt, wer bestimmt das, was in der Kunst
als Kunst auftaucht?

Ich stand vor der Leinwand
und wollte einen Blumenstrauß
malen. Da erhielt ich von
höheren Wesen den Befehl:
keinen Blumenstrauß! Flamingos
malen! Erst wollte ich weiter
malen, doch dann wußte ich,
daß sie es ernst meinten.[21]

Polkes kuriose Fabel entbehrt in ihrer grotesken
Simplizität nicht einer aufklärerischen Attitüde.
Denn wenn es in seiner Arbeit um den Anti-
Individualismus geht, wenn er zeigt, »daß der
Künstler nicht ein Einziger mit einem mehr oder
minder voluminösen Eigentum ist« (Buchloh)[22],
so stellt sich die Frage nach der Verantwortung,
die das Werk trägt. Die Entsubjektivierung verweist auf ein Begründungsvakuum, das Polke –
mit dem Blick auf »die Schöpferkraft« und »das
Kunstwollen« durch ein Klischee, durch den Hinweis auf »höhere Wesen« füllt. Sie übernehmen
die Verantwortung für die ästhetischen Entschei-
ren ihn hin zu seinen Themen und Techniken
(vgl. auch Abb. 43). ›Telepathische Sitzungen‹
(vgl. auch Abb. 43). ›Telepathische Sitzungen‹
(1968) und psychotrope ›Fahrten auf der Unendlichkeitsacht‹ (1971) sind in Polkes Werk weitere
Aspekte einer eigentümlichen Esoterik, die mit
einer Attitüde des Unernstes zugleich auf den
möglichen Ernst der Magie des Kunstwerks verweisen.
  Scheint hier die Verantwortung für die eigene
Kunst gleichsam delegiert zu sein, so zeigt sie
sich um so deutlicher in den Bildern Polkes, die
wir als Kommentare zur Gegenwartskunst lesen
können. Ihre lapidare Formulierung reicht stets
über den Reiz von Pointen hinaus, auch wenn
manche Bilder Polkes von optischen Gags leben.

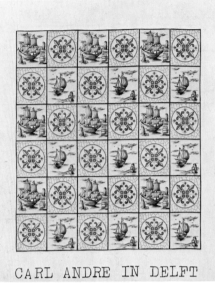

CARL ANDRE IN DELFT

44 Sigmar Polke. Carl Andre in Delft. Dispersion auf Stoff.
88 × 75 cm. Slg. Dr. Reiner Speck, Köln

In den ›Streifenbildern‹ (1967/68) »bewältigt«
Polke das Problem des »abstrakten Selbstausdrucks« in der knappen Geste senkrechter Pin-
selstriche. In dem Bild ›Carl Andre in Delft‹ (Abb.
44) bietet er seine Interpretation der Werke des
amerikanischen Minimal-Künstlers, der den Begriff der Plastik umformulierte, indem er z. B.
gleich große Platten aus zwei verschiedenen
Materialien auf dem Boden anordnete. Für Polke
ist diese Arbeit ein Anlaß für eine humorige
Entmystifizierung der puristischen Theorie. Sein
»Kommentar« lenkt den Blick auf die Alltagskultur und zeigt zugleich, was sich Carl Andre an
Komik und Unernst in der Kunst verweigern muß.

Polkes Werk ist durchzogen von Analogien
und Parallelen zur Kunst anderer Zeitgenossen.
Er beschäftigt sich mit der Durchdringung unter-
schiedlicher Erfahrungsbereiche und ästheti-
scher Aussagemöglichkeiten. Seit dem Beginn
der 70er Jahre führt dies zu hochkomplizierten,
vielschichtigen Bildern, in die die isoliert gemach-

ten Bilderfahrungen der vorhergehenden Werk-
phasen eingeschmolzen und umgedeutet werden. Auf patchwork-artigen Malgründen addiert
er Zeichnungen aus kulturgeschichtlichen Darstellungen, Comic strips und Buchillustrationen,
die sich überlagern und durchdringen. Die entstehenden Bilder erhalten hierdurch z. T. eine
halluzinatorische Ausstrahlung, die etwa in dem
Werk ›Can You Always Believe Your Eyes?‹
(1976) auch im Titel angedeutet wird.

Stärker als in den Arbeiten der vorhergehenden Jahre wird nun das Prinzip des Zufalls für die
Ästhetik der Bilder verantwortlich. Die Form-,
Farb- und Zeichenüberschneidungen schaffen
Bedeutungszusammenhänge, die die Assoziationen des Betrachters in die verschiedensten
Richtungen lenken, ohne daß er eine Richtung
als Leitlinie herausarbeiten könnte. Zwar steuern
die Bildtitel das Sehen – ›Neu-Guinea‹, ›Baum-
hütte‹, ›Schweineschlachten‹ (alle 1976) –, doch
erweist sich bei näherer Betrachtung, daß sie
stets nur einen einzigen Bildteil zur Identifikation
herausgreifen. So finden wir auf dem ›Ägypti-
schen Sternhimmel‹ (Abb. 45) mit dem Bild der
Göttin Nut weitere Zeichnungen und Vignetten,
die aus völlig anderen Epochen stammen. Auch
der collagierte Hintergrund des Bildes fügt in den
Mustern unterschiedliche ästhetische Reize zusammen, ohne daß sich eine inhaltliche Beziehung zu den abgebildeten Szenerien erkennen
ließe.

Polke »erklärt« seine Bilder durch diese Kon-
frontationen nicht. Die Phantasie des Betrachters muß ihre eigenen Lesarten finden und ihnen
vertrauen, sie muß die Bilder als offene Botschaften erkennen. Stellt sich für die frühen Arbeiten
Polkes noch deutlich die Frage nach *seiner* Konzeption für das Werk, so wird sie nun umgelenkt
in die Frage nach der Wahrnehmung (Perzep-
tion) des Betrachters. Wie kann er – als »Lesen-
der« – zum Bestandteil des Bildes werden? Was
bestimmt seine Assoziationen und Erlebnisse?
Die Bilder markieren hierfür einen Zwischen-
Raum, in sich vage und trotz der oft gezeigten
Direktheit der Bildzitate unbestimmt.

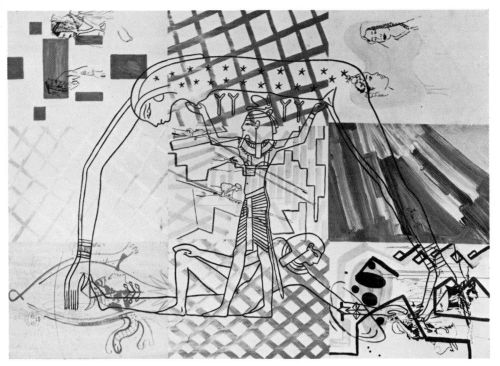

45 Sigmar Polke. Ägyptischer Sternhimmel. 1976. Mischtechnik auf Papier. 208 × 296 cm. Slg. Crex, Zürich

Am Beginn der 80er Jahre entwickelt Polke dieses Thema der Unbestimmtheit in veränderter Form weiter. Wie ein Reflex auf die Phase seiner von »höheren Wesen« bestimmten Bilder wirkt das Stoffbild von 1981 (Ft. 23), das er inhaltlich in einen Bezug zu den Theorien von Schrenck-Notzing rückt, der sich um 1920 mit Hypnoseforschung, Mediumismus, Telekinese und Materialisationsphänomenen beschäftigte. Auf einem zusammengesetzten rotbraunen Tuch, dessen gold durchwirktes Muster den Trivialoptimismus der 50er Jahre beschwört und das unterhalb des Rahmens wie ein Tischtuch herunterhängt, sehen wir eine Malerei, die – eindeutig vom Zufall bestimmt – einer bearbeiteten Klecksographie nicht unähnlich ist. Rechts oben erkennt man im Profil ein Gesicht, das entfernt an Polke erinnert und das ähnlich in dem Bild ›Die Fahrt auf der

Unendlichkeitsacht, I ‹ von 1971 auftaucht. Der Kopf verbindet sich mit den weißen Farbflecken zu einer Art Fabelwesen (Mensch, Geist, Erscheinung?). Das darauf applizierte grafische Zeichen (Weg? Tor? Schaukel? π?) bildet zur diffusen Flächenmalerei einen deutlichen Kontrast. Der Rahmen des Bildes vermittelt den Eindruck eines an die Wand geklappten Tisches. Diese vielfältigen Bildaspekte besitzen durch ihre Kombination einen deutlichen Aufforderungscharakter: Das Bild will als Botschaft gelesen werden, es wirkt wie der Ort einer geheimnisvollen Materialisation, deren Requisiten offen vor uns liegen. Polke liefert keine Auflösung zu diesem »Geheimnis«.

Durch den »Stoff«, der als Malgrund Verwendung findet, stellt sich zwar eine Beziehung zu früheren Stoffbildern Polkes her, doch funktioniert die Bedeutungsstiftung in dieser Arbeit auf eine offensichtlich neue Weise. Zeigten sich die früheren Bilder in einer Distanz zur eigenen Person, so scheint in dieser Arbeit eine Haltung auf, die nicht mehr nur ironische Antworten auf die Frage nach der Kunst bereit hält, sondern die den Sinn von Kunst – als einer medialen Erfahrung – umkreist.

Zufall, Ernst, Beliebigkeit, Konstruktion treffen in diesem Bild zusammen, um sich zu verfestigen und zugleich in Übergänge – der Malerei, des Bildes als Objekt, des Stoffes als Tuch – zu verwandeln. Damit wird ein Aspekt erreicht, der letztlich für Polkes gesamte Malerei zutrifft: Die Bilder sind eingefangene Momente von Metamorphosen.

Jenseits der Malerei

Die ausführliche Darstellung der Werke von Penck, Immendorff, Kiefer und Polke, aber auch der von Gerhard Richter, Baselitz und Lüpertz, zeigt, daß in der deutschen Kunst der Gegenwart *mit* der Malerei ein *»Jenseits der Malerei«* erreicht wird, das die Bilder – im Gegensatz zu den eingeschliffenen Bildlegitimationen der Tradition – faszinierend und spannend macht. Das gegenwärtige Interesse an der Malerei ist deshalb in den vergangenen Jahren vor allem durch die Arbeiten dieser Künstler mitbestimmt worden. Sie veränderten die Vorstellungen davon, was ein Bild zu zeigen hat und welchen Blick der Betrachter auf die Bilder richten kann.

Deutlich wird, daß offensichtlich die Suche nach einer »reinen Malerei« ebenso wie die Frage nach dem Bild als Abbild sich auflöst. Die Bilder formulieren Kontexte, die über sie – in die verschiedensten Bezugsfelder – hinausreichen, denen jedoch eines gemeinsam ist: die Malerei wird als eine effektive Möglichkeit für prägnante Bildfindungen betrachtet. Dies kann man durchaus als »Literarisierung« der Malerei bezeichnen. Doch muß gesehen werden, daß die »Sprache« der Bilder nicht ein ohnmächtiges Weitersprechen der öffentlichen Diskurse ist, sondern die Suche nach einer neuen »visuellen Rede« aus der Subjektivität des Künstlers heraus. Die Überzeugungskraft dieser Rede aber beruht nicht auf den Themen oder Inhalten, auf die sie anspielt, sondern auf der Faszination, die sie jenseits des Benennbaren erzeugt.

Die 80er Jahre

Faszination, Schock, die Suche nach neuen Bildern, Provokationen und das Leermalen der Tradition, dies läßt sich als widersprüchliche Impulse hinter dem »Hunger nach Bildern« erkennen, der den Beginn einer neuen Entwicklung in Deutschland charakterisiert. Ausgelöst wurde er durch eine Generation junger Maler, die sich mit Vehemenz von den Vorstellungen ihrer »Lehrer« und »Väter« lossagte, weil sie mit ihrem Lebensgefühl und ihrer Suche nach eigenen Ausdrucksformen nicht in Einklang standen.

Die Malerei – in den 60er und 70er Jahren eine Randerscheinung – rückt plötzlich wieder ins Zentrum. Schon das läßt sich als Affront sehen, als Versuch, ein eigentlich eher tabuisiertes Medium für eigene Zwecke zu benutzen. Der Zugriff auf die Malerei besitzt dabei durchaus Züge des Hemmungslosen. Ihre spontane Handhabung wird gezeigt als Moment von Freiheit. »Anything goes!« Was Paul Feyerabend[1] für eine anarchische Wissenschaft forderte, findet sich in der Malerei der Jungen Deutschen wieder. Deshalb kann man sie auch kaum als Verlängerung der in den vorhergehenden Kapiteln beschriebenen Malereipositionen bezeichnen. Eher bildet sie deren Gegenpart bzw. deren Umdeutung: »Malerei nach der Malerei« oder »Malerei als Möglichkeitsform«, als effektive und unmittelbare Umsetzung eines Ausdruckswollens, das versucht, jeder Einengung, Verpflichtung oder Begrenzung zu entfliehen.

»Es geht auch bei den jungen Künstlern aus Deutschland nicht so sehr um die Malerei, also um das Medium, sondern um den persönlichen, schwer definierbaren Ausdruck, der sich in ihren ›Bildern‹ verbirgt. Unterscheiden muß man dabei zwischen ›Bild‹, einem auf Leinwand gemalten Gemälde, und ›Bild‹ (image), das eher einer Botschaft aus der Innenwelt des Künstlers gleicht, unerwartet und rätselhaft auftaucht und deshalb eher einer Bildfindung als einer Bild-Herstellung gleicht. Die ›Malerei‹ und das ›Malerische‹ stellen für diese Künstler eigentlich nur ein Transportmittel, eine bestimmte ›Form des Inhalts‹ dar.« (Zdenek Felix)[2]

Ein Charakter des Haltlosen und »Woanders sein« wird sichtbar. Er provoziert Aspekte des Beliebigen, er erzeugt Ängste und Vorurteile, zugleich besitzt er ein Element der Befreiung. Die Bilder der Jungen Deutschen entwerfen Freiräume, Orte der Selbstsuche/Selbstfindung, die primär bestimmt werden vom eigenen Fühlen und Denken.

»Was geht?« Diese Frage stellt sich für sie vor allem im Hinblick auf die Bilderfindungen, die sie in ihrer Malerei verwirklichen wollen. Nicht ein »Programm« wird angezielt, sondern das Bild als Ort einer wunschbesetzten Bildphantasie. Um sie so intensiv wie möglich zu übermitteln, vertraut man sich spielerisch der Spontaneität an: »Ein wichtiges Moment in dieser Entwicklung ist das *Spielerische*, und das wird mit einer Modellhaftigkeit vorgetragen, die eigentlich sehr viel mehr Leute interessieren müßte. Die Künstler haben zu jenem Zeitpunkt, wo sich die Engpässe in Wirtschaft und Politik als ein schier unüberwindliches Hindernis herausstellten (mit entsprechendem Feedback psychologischer Natur in der Öffentlichkeit), Spielräume erarbeitet, die auch die Kunst in den siebziger Jahren nicht aufzuweisen hatte. Und diese Spielräume werden radikal genutzt, indem vorurteilslos und intuitiv mit Themen, Motiven und der Malerei selbst umgegangen wird.« (Jean-Christophe Ammann)[3]

Ein Moment des »Hier und Jetzt« bestimmt die Bildfindungen, die – so paradox es klingt – immer wieder auf Malereigeschichte zurückgreifen, weil deren »Sprache« sich – im Zitat – mit heutigen Lebenserfahrungen verbinden sollen. »Ihr (die Kunst der jungen Generation) unverbindlicher privater Charakter, ihr beliebiger Umgang mit (kunst-)historischen Zitaten, ihre Reflexionslosigkeit verraten weniger Naivität als vielmehr eine spontane Ungeniertheit all den sogenannten gesellschaftlich-kulturellen Werten gegenüber, die ihrer Glaubwürdigkeit längst verlustig sind.« (Gudrun Inboden)[4]

Die Beziehung von Ich-Erfahrung und Malerei, Subjektivität und Bild, die sich die junge Generation erobert, versteht den Künstler als Schnittpunkt vielfältigster Einflüsse und das Bild als Momentaufnahme ihres Ausdrucks. Deshalb formulieren die Bilder ein schillerndes Nebeneinander, das einem minoritären Umgang mit dem Medium Malerei entstammt. Deutlich lassen sich dabei regionale Unterschiede in der Kunstproduktion unterscheiden. Auf Ausbildung und Freundschaften beruhend, akzentuieren sie das Spektrum der Möglichkeiten, das die »Wiederkehr der Malerei« heute charakterisiert.

›Heftige Malerei‹ – Berlin

Die Diskussion über Malerei in West-Berlin wird seit dem Ende der 70er Jahre bestimmt von einer Richtung, die – nach dem Titel einer Ausstellung – unter dem Etikett ›Heftige Malerei‹ bekannt wurde. Die Maler Rainer Fetting, Helmut Middendorf, Salomé und Bernd Zimmer, die der Selbsthilfegalerie am Moritzplatz entstammen, bilden das Zentrum dieser Richtung. Sie setzen sich deutlich ab von der Berliner Tradition der 70er Jahre, die zum einen durch den Kritischen Realismus, zum anderen durch eine nur unscharf konturierte Multimedia-Szene in der Fluxus- bzw. Politkunst-Nachfolge bestimmt wurde. Hinzu kommen als Gegenpol lokale Weiterentwicklungen der malerischen Tradition aus den 50er und 60er Jahren. Vor diesem Hintergrund entwickelte sich die Heftige Malerei weitgehend aus eigener Kraft, auch wenn sie durch zeitgenössische bzw. historische Vorbilder bestimmt wurde.

K. H. Hödicke/Bernd Koberling

Eine wichtige Rolle für die Malerei-Entwicklung in Berlin spielt die Arbeit des 1938 geborenen Karl Horst Hödicke. Ursprünglich – am Beginn der 60er Jahre – arbeitete er in der Umgebung von »Neodada, Pop, Décollage und Kapitalistischer Realismus«, doch wurde zunehmend die Malerei für sein Werk bestimmt.

Diese erreicht eine erste Eigenständigkeit in den um 1965 entstandenen Bildern einer verwischten Pop-Ästhetik, die alltägliche Gegenstände oder Straßenszenen in vehement gemalte, bewußt-vereinfachende Oberflächenreize verwandelt. Der Reduzierung der Sujets auf wenige charakteristische Umrißlinien entspricht eine starkfarbige, flächige Kolorierung und die Beschränkung auf einige als extrem sinnliche Ansprache eingesetzte Farbwerte. Verleitet dies Hödicke bisweilen zum Anekdotischen, so führt es ihn gleichzeitig zu einer neuen Ausdrucksstärke, die sich deutlich in eine Tradition der deutschen Malereigeschichte zu stellen versucht.

Die Rückbezüge zum deutschen Expressionismus sind bei Hödicke seit dem Beginn der 70er Jahre allenthalben spürbar. Doch bringt die von ihm vorgenommene Vereinfachung weniger eine subjektive Sicht als eine objektive und dennoch emotionsgeladene Stellungnahme ins Spiel. In ›Die Schöne und das Biest‹ (Ft. 24) koppelt Hödicke eine expressiv-sinnliche Farbigkeit an ein Berliner Thema: Frau mit Schäferhund an der Mauer. Die »Aufladung« des Sujets erzeugt eine aggressive Stimmung, die kaum als individuelle Interpretation, sondern eher als Zustandsschilderung zu sehen ist.

Als weiterer Einfluß für die Entstehung der Neuen Malerei in Berlin muß auch das Werk von Bernd Koberling gesehen werden. Nach mehreren Wandlungen – von einer Expressivität im Sinne der Cobra-Bewegung am Anfang der 60er Jahre über Art-nouveau-Landschaftsstilisierungen und Wort-Bild-Kombinationen – entwickelte er eine expressive Landschaftsmalerei. Koberling versucht, zwei Aspekte in seinen Werken sichtbar zu machen: »Bilder sind sichtbar gewordene Gedanken« und »Meiner Natur liegt die Landschaftsmalerei«.[5] Vor allem auf die Landschaft bezieht sich das Werk der letzten Jahre, auf ihre malerisch-ausdrucksstarke Ausdeutung, die keine Zweifel an den von ihr benutzten Mitteln und Zielen aufkommen läßt.

Bernd Zimmer

Der 1948 geborene Bernd Zimmer steht von seinen Sujets her der Landschaftsmalerei Koberlings am nächsten. »Zimmer hat sich der Natur, der Landschaft, dem Ländlichen zugewandt, malt blühende Kastanienbäume, Wasserfälle (Abb. 46), Kiesgruben, Gran Sasso und Zwieselstein, Gletscher, Dorfkirchen, magisch durchleuchtet. Das Frische, Spontane dieser Bilder, auch die stärkere Abstraktion, eine in größerer Flächigkeit sich zeigende Modernität unterscheidet sie von der Landschaftsmalerei der Brücke-Künstler oder Gauguins, dem Zimmer jüngst nach Indonesien gefolgt ist. Es gehörte schon einiger Mut dazu, sich heute wieder der Landschaft anzunehmen, einem kaum mehr für möglich gehaltenen Motiv, die Natur zu malen, die in der Regel nur noch als bedrohte, beschädigte, zerstörte geschildert wird, die aber gleichwohl immer noch Bezugspunkt unseres Lebens ist.« (Ernst Busche)[6]

Bei Zimmer geht es um die Umsetzung einer Naturerfahrung bzw. eines Reiseerlebnisses in

46 Bernd Zimmer. Wasserfall. 1981. Dispersion und Öl auf Nessel. 210 × 160 cm

eine Malerei, die weniger die Realität ins Blickfeld rückt als das, was sie im Betrachter auszulösen vermag. Wenn ein monumental vereinfachter Kuhkopf mit dem emotionsgeladenen Titel ›Melancholie‹ (Ft. 28) verbunden wird, erzeugt diese Projektion einer menschlichen Empfindung eine zwischen Ironie und Ernst schwebende Zweideutigkeit. Auch die ›Felder: Weizen‹ (Ft. 29) deuten in der Konfrontation von expressiver Farbigkeit und geometrisierender Flächenbehandlung eine Spannung an, die sich durchaus als in die Malerei transponierter Widerspruch von »Natur« und »Kultur« lesen läßt.

Landschaft wird hier mit den Augen eines Großstädters gesehen. Sie erscheint als Fluchtraum, deren Kraft und Energie in den Bildern beschworen und fasziniert übermittelt wird. Dennoch schwingt in diesen Bildern ein Moment des Ungenügens mit. Fraglich bleibt, ob eine Bildbegründung dieser Art genügt, ob die Malerei nicht einen unzeitgemäßen Eskapismus formuliert, der als Natur vorstellt, was sich der Maler erträumt. Dies Moment der »Fragwürdigkeit« bestimmt insgesamt die Berliner Heftige Malerei. Inwieweit kann es heute überhaupt noch um die malerische Bewältigung vorgefundener Sujets gehen und inwieweit erlaubt deren »Bewältigung« ein experimentelles Ausprobieren historisch schon vorgeprägter Stilmittel?

Helmut Middendorf

Anstelle der Landschaft finden wir bei Helmut Middendorf (geboren 1953) visionäre Gestaltungen der Großstadt und ihrer Lebenswelt. Läßt sich die ›Geisterbahn‹ (Ft. 30) noch als farbenfrohe Umsetzung eines Rummelplatzerlebnisses sehen, so erweitert Middendorf in ›Schwebender – Rot‹ (Ft. 32) sein Thema in einer faszinierenden Bildfindung: die Hinterhöfe Kreuzbergs als geschichtlicher Ort für eine Chiffre, die sich unmittelbar auf das ungesicherte Lebensgefühl der gegenwärtigen jungen Generation bezieht. Die Spannung von »lustvollem Taumel« und »ekstatischem Fall« wird emotional aufgeladen durch ein bildbeherrschendes Feuerrot, das das Sujet belebt und zugleich wie ein Brand verzehrt.

Eine ähnliche Farbwirkung sorgt in ›City of the Red Nights (W. B.)‹ (Ft. 33) für eine auch durch die Gestik der Figuren vermittelte Ausdruckskraft, die ihre Bezüge zur Malerei von Ernst Ludwig Kirchner und die Maler der Brücke deutlich herausstellt. Doch gerade dieser Aspekt des »mitzudenkenden Zitierens« und das Wissen um die eher triste Berliner Alltagswirklichkeit machen deutlich, daß in einem solchen Bild zwar zeitgenössische Gegenwart stattfindet, aber gleichzeitig auch eine Wunschprojektion.

Der Großstadtmensch als Wilder, als sich der Gefahr Hingebender und Aussetzender – das bestimmt auch Middendorfs Bilder aus der Underground-Musikszene. ›Singer/Red/Yellow‹

(Ft. 31) verknappt die Kraft von Punk und New Wave auf eine energetische Körpersprache, der Farbigkeit und Duktus des kraftvoll geführten Pinselschlages korrespondieren. In zahlreichen Varianten hat sich Middendorf, der selbst Rockgitarre spielt, mit diesem Thema auseinandergesetzt, wobei er die Figur des Sängers als »Signet« beibehält und nur die farbige Ausstrahlung des Bildes verändert: Stimmungen, Atmosphären entstehen, in schrillem Wechsel und heftigen Gegensätzen, wie sie auch die Szene charakterisieren. Diese künstliche Welt des Underground verleiht auch der Malerei etwas Inszeniertes und Ausgestelltes. Sie erreicht die Qualität einer »zweiten Natur«, die sich ihres Scheins einer herbeizitierten Wirklichkeit sehr bewußt ist.

Salomé

Eine »Inszenierung des Sujets« bestimmt auch die Malerei von Salomé (eigentlich Wolfgang Cilarz, geboren 1954). Exotik, Außenseitertum, Randexistenz sind ihre schillernden Aspekte. Hervorgegangen aus Performances im Umkreis der ›Transformer‹, kreist Salomés Arbeit vor allem um das Thema der Selbstdarstellung und der Ausstellung persönlicher Obsessionen. Dieser Einbezug der eigenen Person in die Bilder, die ständige Verknüpfung ihrer Themen mit Salomés privatem (oder eigentlich eher halb-öffentlichem) Leben bringen in die Malerei eine unverschlüsselte Direktheit, die anzieht und zugleich abstößt. So spielt Salomé in ›Blutsturz‹ (Ft. 34) oder ›Kung Fu‹ (Abb. 47) auf extreme schwule sexuelle Praktiken wie das ›Fistfucking‹ an.[7] Die Extrovertiertheit der Bilder besitzt zugleich einen plakativen Aspekt: Gerade die hemmungslose Direktheit erweist sich als Form eines offenen Geheimnisses.

›Ti amo‹ (Ft. 35) zeigt die inszenierte Liebesbeteuerung zu Luciano Castelli, mit dem Salomé eine Reihe von Bildern malte und auch in Performances auftrat. Das in der Mitte geteilte Doppelbild beschwört Nähe und Distanz zwischen den

47 Salomé. Kung Fu. 1980. Kunstharz auf Leinwand.
200 × 200 cm. Annina Nosei Gallery, New York

Dabei besteht die Gefahr des »nur Dekorativen«. Werden jedoch die Bilder mit einer existentiellen Dimension, einer unmittelbaren Betroffenheit verbunden, so erreichen sie eine überzeu-
gende Intensität. Der Betrachter spürt das Faszi-
nosum, das eine Abweichung von der Norm
bedeuten könnte.

Rainer Fetting

Die Heftige Malerei lebt von Rückverweisen auf
die Malereigeschichte. Doch will sie nicht die
»wilde«, den Fauvismus, Expressionismus auf-
nehmende Bewältigung von Sujets sein, so muß
sie einen Grad an Intensität erreichen, der sie der
Geschichte entreißt und unmittelbar zeitgenössisch werden läßt. Mit dem Blick auf die Malerei-
tradition aber heißt dies, daß die Differenz zu ihr
nicht als Weitermachen, sondern als Neuanfang
zu erleben sein muß, daß ein »Hier und heute«
die Bildsprache radikal und einsehbar bestimmt.

Am eindrucksvollsten gelingt dies in der gegenwärtigen Berliner Malerei dem 1949 geborenen Rainer Fetting. Er ist sich der Beziehung zur
expressiven Malereigeschichte voll bewußt.
(Das Bild ›Rückkehr der Giganten‹ [Abb. 48] mit
den eingeschriebenen Namen Gauguin und van
Gogh spricht davon.) Zugleich sieht er die eigene
Arbeit als einen Schnittpunkt von Selbsterfah-
rung und öffentlichem Sprechen. Die ›Große
Dusche (Panorama)‹ (Ft. 26), die thematisch an
Ernst Ludwig Kirchners ›Soldatenbad‹ anknüpft,
macht dies sichtbar: Die Lust an den nackten
Männerkörpern, die inszenierte Farbigkeit und
das verbergende Dunkel erzeugen eine Spannung von erotischer Faszination und Angstlust,
die ihr Geheimnis weniger in der individuellen
Aussage des Malers als im Vorzeigen bestimm-
ter Ängste, Beklemmungen und Sehnsüchte besitzt.

Zu dieser Dusche gibt es eine Reihe von
Varianten, die das Arrangement der Männer in
wechselnden Konstellationen zeigt. Die Sujet-
wiederholung – ein Arbeitsprinzip Fettings – dient

beiden »Performern«, die rechts und links noch
einmal – jeder für sich – zu erkennen sind. Das
Bild als Selbstinszenierung spielt mit der Neugier
des Betrachters. Es ist auf seinen Voyeurismus
gerichtet, er wird einbezogen in die für ihn vorgeführten Posen, die öffentliche wie »höchst private« Situationen zeigen. Die hastige Malerei, der
effektvolle Kontrast von Rosa – Schwarz – Tür-
kis, all dies findet statt unter dem Aspekt des
größtmöglichen Reizes und der heftigen Erre-
gung.

Das Moment der Selbstgefährdung, das sich in
dieser exhibitionistischen Zurschaustellung erkennen läßt, greift Salomé auch in ›Wild Boys‹
(Ft. 36) auf. Dieses Bild ist die malerische Umsetzung einer Aktion mit Luciano Castelli, in der
Salomé sich als Seilartist und Trapezkünstler
präsentiert. Seltsamerweise spielt das Bild weniger auf den Reiz der Gefahr an als auf die Lust an
der Selbststilisierung. Körper und Aktion werden
durch Wiederholungen in ein »sicherndes« Bild-
muster überführt, ein Prinzip, das Salomé in
anderen Werken zu einer patternartigen Flä-
chenfarbigkeit erweitert.

48 Rainer Fetting. Rückkehr der Giganten. 1980. Dispersion auf Nessel. 250 × 200 cm

schlagabbildung Rückseite) oder die in letzter Zeit entstandenen ›Indianer‹-Bilder (Ft. 27) bieten hierfür die Beispiele. Auf expressive Traditionen – vor allem in der Farbigkeit – zurückgreifend, wirken diese Bilder dennoch nicht wie das bemühte Verlängern einer vorgegebenen Malereigeschichte. Fast könnte man sie sogar als ihr Gegenteil bezeichnen: Als ein Leermalen der expressiven Haltung, als ein bewußtes Vergrößern ihrer Stilmittel und als kalkulierte Aneignung.

Hierdurch erhält Fettings Malerei einen experimentellen Aspekt. Sie formuliert die Frage, ob das, was angestrebt wird – die Verbindung von zeitgenössischer, subjektiver Wirklichkeitserfahrung und ihre Umsetzung in Bilder als expressive Chiffren – überhaupt geht, ob nicht die Bilder

49 Rainer Fetting. Mann und Axt. 1980. Dispersion auf Nessel. 220 × 160 cm. Galerie Bruno Bischofberger, Zürich

dabei weniger dem Verweis der Bilder auf sich selbst im Sinne einer »Malerei als Malerei«, sondern eher der Suche nach der jeweils größtmöglichen emotionalen Energie, die ein Bild (ein Sujet) auszustrahlen vermag. Obwohl Fettings Themen eng mit seiner Person verbunden sind, besitzen sie – im Gegensatz etwa zu denen von Salomé – eine unpersönliche, überpersönliche Wirkung. Diese wird gesteigert durch die Farb- und Linienbehandlung, deren sich aufdrängende Direktheit Züge des Plakativen nicht verleugnet. Der Eindruck entsteht, als ob hier der Expressionismus gesehen würde aus dem Blickwinkel der distanzierenden Ästhetik eines Andy Warhol.

Fettings Bestreben, in seinen Bildfindungen »Images« zu schaffen, die mit ihm und seiner Arbeit identifiziert werden können, führt zur Serienbildung und zum prägnanten Sujet. Der einzelne Mann unter der ›Dusche‹ (Ft. 25), ›Mann und Axt‹ (Abb. 49), der Freund ›Ricky‹ (Um-

scheitern müssen, weil die Distanz zwischen den subjektiv-heutigen Erfahrungen und der historisch vermittelten Bildsprache nur als Konflikt faszinieren kann. Wenn Fetting diesem Konflikt auszuweichen versucht, dann besteht für die Bilder die Gefahr, zur unzeitgemäßen Idylle zu werden, die sich – wie in ›Seine Blumen‹ – mit der schönen Oberfläche zufrieden gibt.

Eine distanzierende Kälte auf der einen Seite, eine selbstvergessene, fast »zu schöne« Zärtlichkeit auf der anderen Seite: Das sind die extremen Pole, die Fettings Arbeit bestimmen und deren Aufeinanderprall seine Bilder als nach-moderne Reflexe auf die Malereigeschichte wichtig macht. Sie treffen den Nerv der Zeit: ein Schwanken zwischen »Gefühl und Härte«, die Sehnsucht nach Selbstmitteilung und kollektiver Erfahrung, die Spannung zwischen Individuum und Image.

Gegenpole

Die Heftige Malerei Berlins formuliert ein selbstbezogenes »Woanders«, indem sie auf die Gegenwart eingeht und ihr zugleich entflieht. Fremd wirkt diese Malerei vor dem Hintergrund der etablierten Kultur, aber auch vor dem der neongrellen neuen Szene oder den grünen Alternativen. Die Bildsprache, die sie sich erobert hat, läßt sich mit »Wirklichkeit« in Beziehung setzen, doch was von ihr in den Bildern aufscheint, ist deren minoritäre Interpretation, der immer wieder ein selbstgefälliger »Narzismus« vorgeworfen wird.

Oppositionen hierzu finden sich in Berlin in den eher behutsamen Weiterführungen schon legitimierter Bildbegriffe. Die abstrakte Malerei – Ter Hell, Reinhard Pods, Gerd Rohling, Hella Santarossa – sucht Wege für Weiterentwicklungen und Anknüpfungen. Die figurative Malerei – Peter Chevalier, Barbara Heinisch, Thomas Lange – sucht neue Aspekte der Wirklichkeitsdeutung.

Der aggressivste Affront gegen die Heftige Malerei läßt sich gegenwärtig in Berlin in den Arbeiten von Ina Barfuss, Thomas Wachweger und Mattin Kippenberger erkennen. Malerei wird hier als effektives Mittel für eine zynisch-entlarvende Bildfindung eingesetzt. Auch wenn das bevorzugte Opfer dieser Kunst ein alles beherrschender Kleinbürger und Spießer ist, so baut sie dennoch eine breitere Front auf, die sich vor allem auch mit der gegenwärtigen Kunstvermittlung auseinandersetzt.

Ina Barfuss / Thomas Wachweger

Ina Barfuss (geboren 1949) benutzt hierfür einen karikaturistischen Stil, der seine Wirkung durch extreme Deformationen und Verzerrungen und eine plakativ eindeutige Farbgebung erhält. Gemalte Katastrophen werden inszeniert, die kaum ein negativ zu besetzendes Thema auslassen, das sich in der Gegenwartsgesellschaft (Isolation, Sinnlosigkeit, Beziehungsterror) anbietet.

Ina Barfuss »entblößt mit Vorliebe die Mittelmäßigkeit und Trivialität des ›bürgerlichen Lebens‹, bis hin zu infantilen Lästerungs- und Drohkatalogen. Sie zeigt, wo der Irrsinn, die Auslöschung der Persönlichkeit unter den Formen des konventionellen Lebens verborgen sind, von denen sie sich, trotz aller Zynik und Distanz, sicher ebenso betroffen fühlt wie die ausgestopften Ungeheuer auf ihren Bildern, mit den Namen ›Bürger‹ und ›Gesellschaft‹.« (Ulla Frohne)[8]

Diese Anti-Bilder wirken immer dann überzeugend, wenn sie sich in Distanz zu einer moralischen Eindeutigkeit oder zur benennbaren Entlarvung formulieren (Ft. 37). Gelingt das nicht, werden sie zu Zeichen eines Anti-Spießertums, das durch Zynismus und Ironie eine Freiheit vortäuscht, die letztlich einer Produktion von Klischees über Klischees entstammt.

Analoges gilt auch für die Arbeit von Thomas Wachweger. Auch hier wird der Versuch unternommen, durch schockierende Bildfindungen auf verdrängte, hinter der Oberfläche der gesellschaftlichen Wirklichkeit liegende »Wahrheiten«

aufmerksam zu machen. Ein »Bild-Anarchismus« wird ins Spiel gebracht, der seine wichtigsten Anregungen der Alltagsästhetik und den Massenmedien entnimmt. Dem »Atomkraft? Nein danke!« wird das ›Menschen? Nein danke!‹ entgegengemalt.

Die obsessionale Hermetik der Bildthemen von Ina Barfuss und Thomas Wachweger, die aggressiv-eindimensionale Vehemenz der malerischen Umsetzung wirft – auch in den Gemeinschaftsarbeiten – die Frage auf, inwieweit die zynische Oberfläche der Arbeiten überhaupt als Aussage der Bilder gelten kann. Läßt man sich auf diese Frage ein, so erhalten vor allem die in ihrer Bedeutung nicht eindeutig fixierten Bilder (z. B. Thomas Wachwegers ›Paarung‹ [Ft. 38]) einen »doppelten Boden«: Erkennbar wird eine panische Angst vor jeder Form der »Positivität«. Sie ins Bild zu bringen, erscheint als Verrat an einem für die eigene Existenz gewählten Menschenbild, das bestimmt ist von Momenten der Selbstunterdrückung, die man auf »die Verhältnisse« projiziert. Damit werden die Bilder für unsere Gesellschaft repräsentativ. Sie formulieren Kritik *und* Ohnmacht. Sie bieten keine Lösungen an, sondern treiben die Krisen ins groteske Extrem.

Mattin Kippenberger

Einen anarchisch-spielerischen Umgang mit der eigenen Person führt dagegen Mattin Kippenberger in seiner Malerei, seinen Fotoarbeiten, seinen Aktionen vor (Kippenbergers Definition seiner Malerei: »Die beste der Zweitklassigen.«[9]). In Bildserien malt er Themen, die gegenwärtig »anstehen«, mit Mitteln, die er »kann«. Nach einer Reihe von Bildern, die er – als Auftragsarbeit – von einem Plakatmaler malen ließ (›Lieber Maler, male mir …‹, 1981), produziert Kippenberger nun Bilder (meist 60 × 50 cm groß) »wie vom Fließband«. Ihre Sujets ergeben einen »Orbis pictus« der Alltäglichkeit, in dem kein Thema, aber auch kein Stil fehlt. Vorgeführt wird eine Malerei der »starken Sprüche«, die ihr Programm in den mitgelieferten Bildtiteln findet (Abb. 50). Dem offen ausgespielten Narzismus (›Durch die Pubertät zum Erfolg‹), der auch im Bemühen um die Akzeptierung als Szenenkultfigur zu erkennen ist, entspricht in diesen Bildserien eine Entwertung der Malerei zum beliebig einzusetzenden Transportmittel für Bildeinfälle. Zugleich besitzt die effektvolle Stilisierung der Beziehung zwischen Werk und Person in Kippenbergers Arbeiten die Aura der lustvollen Rea-

50 Mattin Kippenberger. Fünfzehn Beine, trotzdem alleine (6 Teile, daraus: Du hast Angst vorm Baden, denn Du hast einen Bauch, hör auf zu mosern, so geht's mir doch auch; Junge oben und unten ohne; Schöne Schuhe haben dünne Sohlen). 1981. Öl auf Leinwand. Je 60 × 50 cm. Slg. Thomas Gräßlin

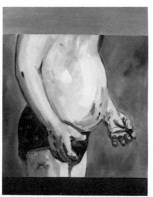  

lisierung eines regressiven Allmachtsstrebens. Indem diese mit »öffentlichen Themen«, Vorurteilen, Klischees, Stilzitaten verbunden wird, erscheint sie jedoch nicht als individueller Tick, sondern als eine mögliche Bedingung von Kunst heute.

Die ›Desaster der Demokratie‹ – Hamburg

Daß »Malerei überflüssig« ist und daß man dennoch Maler sein kann, um diese paradoxe Problematik geht es in der Arbeit der Hamburger Künstler Albert Oehlen (1954 geboren) und Werner Büttner (1954 geboren). Der auf den ersten Blick selbstmörderische Ansatz für diese zeitgenössische Kunstposition wird bestimmt von einer Durchdringung von Kunst und Politik. Inwieweit kann sich Malerei vor dem Hintergrund einer Gesellschaft formulieren, die jede Form des Protests in Affirmation ummünzt und die jeden Widerspruch in effektive Beherrschung verwandelt? »Die Entschiedenheit muß darin bestehen, keinen Freiraum für Interpretationen zu bieten und damit die Zusammenhänge zu unterlaufen, die die Welt in ihrer Schlechtigkeit bestätigen.«[10]

Diese Aussage – »hart, klar, wahr« – kann als Programm verstanden werden, doch steht sie bei Büttner und Oehlen nicht nur in einer Spannung zu anderen Selbsteinschätzungen, sondern auch zu ihren eigenen Bildern. Mit dem Blick auf die »Ohne-mich-Haltung« der jungen Generation malen sie »repräsentativen Sozialstaatkitsch (Skifahrer, Affen mit gebrochenem Arm in Schlinge, mutwillig zerstörte Telefonzellen, Hallenbäder...)«[11], produzieren sie eine aggressive Kunst, die schockieren und verunsichern will (›Eine hungrige Frau...‹, Abb. 51).

Was hier wie Anteilnahme wirkt, besitzt einen Gegenpol im Zynismus: »Das Wissen um die strategische Bedeutung von Büttners Wohnung (mit einem Maschinengewehr kann er drei Zufahrtsstraßen von Eppendorf blockieren) erzeugt in uns mehr Geilheit als das Malen (Ficken) einer

51 Werner Büttner. Eine hungrige Frau teilt die Umgebung in Eßbares und Nichteßbares ein, eine Frau auf der Flucht sieht Fluchtwege und Verstecke. 1981. Öl auf Leinwand. 190 × 150 cm

nackten Negerin unter der Dusche.«[12] Der Zynismus aber bringt nur das zur Sprache, was als »Moral« die Gesellschaft bestimmt: »Ich will auch nur ein warmes Plätzchen, von wo aus ich Menschen für eine gute Sache abknallen kann.« (Werner Büttner)[13]

Politisch-ästhetische Selbsteinschätzungen als falsche Fährte? Bilder als ein So-tun-als-ob?

Werner Büttner

Werner Büttner malt ein Triptychon ›Im Weinberg‹ (Ft. 39): Schmutzige, graue Farben, eine gekonnt hilflose Pinselführung, eine unklare Figuration. Von »Eindeutigkeit« kann hier keine Rede sein. Will man hier nicht von einer »Entschiedenheit« der Ohnmacht von Malerei sprechen, so scheinen sich die Freiräume für Interpretationen nur so anzubieten. Doch vom Titel gelenkt, entdeckt man bald, daß das Bild eine recht direkte Umsetzung des ›Lieds vom unfruchtbaren Weinberg‹ (Jesaja 5) ist. Gott zerstört den von ihm angelegten Weinberg, weil er nur schlechte Trauben brachte. »Ich will ihn wüst liegen lassen ...« Und die Schirme? »Wer unter dem Schirm des Höchsten sitzt und unter dem Schatten des Allmächtigen bleibt, der spricht zu dem Herrn: Meine Zuversicht und meine Burg, mein Gott, auf den ich hoffe.« (Psalm 91) – Die Neue deutsche Malerei, (auch) eine Kunst mit religiösen Themen?

Um effektive Bildfindungen zu erreichen, läßt sich gegenwärtig die Malerei auf die verschiedensten Einflüsse, Anregungen, Themen ein. Ziel ist stets eine Verunsicherung unserer Erfahrungen, ohne daß jedoch eine neue Sicherheit angesprochen würde. So kann man den »Weinberg« als »vermalte Symbolik« auch ohne den literarischen Rückbezug ausdeuten: » ›Im Weinberg‹ (1981) ist ein völlig desolates Bild mit einer hackeschwingenden Hutzelfrau, Rebstöcken und einem aufgespannten Regenschirm am Boden. Die Farben sind graulehmig, das Bild ist graulehmig gemalt, die Stimmung ist graulehmig. Und plötzlich verspürt man noch eine Art beißenden Geruchs.« (Jean-Christophe Ammann)[14]

Ähnliches gilt für Büttners ›Sozialstaatimpression‹ (vordere Innenklappe): Ein glupschäugiger Affe, mit einer Krawatte/Armbinde als Insignie der Zivilisation bzw. der Versorgtheit im Sozialstaat geschmückt. Der – auch durch den Titel angedeutete – ›didaktische‹ Aspekt ist nicht zu übersehen: Im Bild soll sich der Betrachter wie in einem Zerrspiegel wiedererkennen.

Büttners ›Selbstbildnis im Kino onanierend‹ (Ft. 40) bezieht sich nicht nur auf die – freudlose – Lust des durch Pornokonsum provozierten »einsamen Lasters«, sondern auch auf die Frage der Exhibition des Künstlers und die Funktion von Kunst. Seit Harald Szeemanns Ausstellung ›Junggesellenmaschinen‹[15] steht das Thema der Kunst als (vorwiegend männlicher) Selbstbefrie-

digung zur Debatte. In Büttners Bild wird es verbunden mit Enttäuschung, Trauer, Frustration einer ganzen Generation. Nicht die Provokation »trägt« dieses Bild, sondern was sich an ihm im Hinblick auf die Gesellschaft, die Kunst, den Künstler ablesen läßt. Die schonungslose Selbstdarstellung bietet ein Bild an für die ›Desastres de la Democracía‹[16]: Der Künstler als »exemplarisch Onanierender«. Doch hinter dem Zynismus verbergen sich Hoffnung und Sehnsucht.

Ohne Glauben wird ein »Dennoch« gemalt, das sich mit den gesellschaftlichen und kulturellen Verhältnissen, so wie sie sind, nicht abfinden will, das aber auch keinen gangbaren Weg aus ihnen heraus weiß.

Albert Oehlen

Albert Oehlen greift diese Problematik im Sinne einer »Malerei als Malerei« in seinen ›6 Stilleben‹ auf (Ft. 41). Ihre virtuose Leere, ihre falsche Ästhetik im »gestalteten« Geschmack der 50er Jahre wirkt wie ein sinnloses Feiern und Zelebrieren der Malerei.

Ein düster belangloses Panorama von Alltagstristesse entwirft das Bild ›Wasch- und Umkleideräume unter der Motorenhalle am Rosenberg‹ (Ft. 42). Der unter dem Blickwinkel einer funktionalen Ästhetik geplante Raum erfährt in Oehlens Bild eine malerische Entwertung. Nichts scheint zu stimmen, Proportionen, Größenverhältnisse, Schatten, Lichtmodulationen, alles wirkt »falsch«. Doch das »Mißlingen« lenkt den Blick nicht primär auf die »ungelenke« Malerei, sondern auf ihr Sujet: Die »schönen« Räume der funktionalen Innenarchitektur werden als Camouflage »häßlicher Verhältnisse« entlarvt. Daß dies jedoch mit »Mal-Lust« geschieht, das ist die eigentliche Paradoxie des Bildes.

Auch Oehlens ›Time Tunnel‹ (Ft. 43) und ›Als hätte man mir die Muschel rausgedreht‹ (Ft. 44) sprechen davon. Beide Bilder sind komplizierte Combine-Paintings, die den Künstler und den

25   Rainer Fetting. Dusche III. 1980

26 Rainer Fetting. Große Dusche (Panorama). 1981

27   Rainer Fetting. Selbstportrait als Indianer. 1982

28 Bernd Zimmer. Melancholie. 1980

29 Bernd Zimmer. Felder: Weizen. 1981

30   Helmut Middendorf. Ghosttrain. 1980

31   Helmut Middendorf. Singer/Red/Yellow. 1981

32   Helmut Middendorf. Schwebender – Rot. 1980

33   Helmut Middendorf. City of the Red Nights (W. B.). 1981

34   Salomé. Blutsturz. 1979

35   Salomé. Ti amo. 1979

37   Ina Barfuss. Käsekopf. 1982 ▷

36   Salomé. Wild Boys. 1980

39   Werner Büttner. Im Weinberg. 1981

◁ 38   Thomas Wachweger. Paarung. 1982

40   Werner Büttner. Selbstbildnis im Kino onanierend. 1980

41   Albert Oehlen. 6 Stilleben. 1980

42   Albert Oehlen. Wasch- und Umkleideräume unter der Motorenhalle am Rosenberg. 1980

43   Albert Oehlen. Time Tunnel. 1982

44   Albert Oehlen. Als hätte man mir die Muschel rausgedreht. 1982

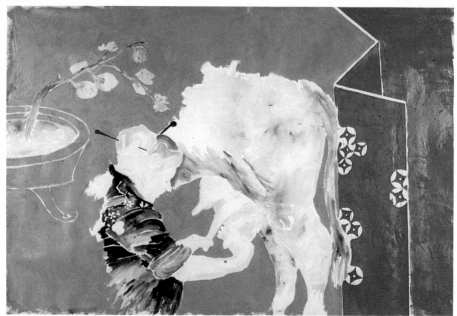

45　Hans Peter Adamski. Das Land des Lächelns. 1981

46　Hans Peter Adamski. Wissender Anschlag. 1980/81

47   Hans Peter Adamski. Der Schleusenwärter. 1981

48   Peter Bömmels. Ein-Weg. 1980   49   Peter Bömmels. Ein König fällt nicht vom Himmel. 1980

50   Peter Bömmels. Doppelkreuz II. 1981

51   Peter Bömmels. Erstes Selbstportrait. 1981

52   Peter Bömmels. Finis. 1981

54   Walter Dahn. Ich. 1981

153   Walter Dahn. Du bist schuld. 1981

55   Walter Dahn. Vier Glas Kölsch (Herr Ober). 1981

56 Walter Dahn. Snakefinger III (Im kalten Winter 81/82). 1981/82

57 Walter Dahn. Einen Besen fressen . . . 1981

58   Walter Dahn / Georg Jiři Dokoupil. Kotzer III. 1980

59   Walter Dahn / Georg Jiři Dokoupil. Deutscher Wald. 1981

60   Walter Dahn / Georg Jiři Dokoupil. Gedanken sind Feuer. 1981

61   Georg Jiři Dokoupil. Philosoph I und II. 1981

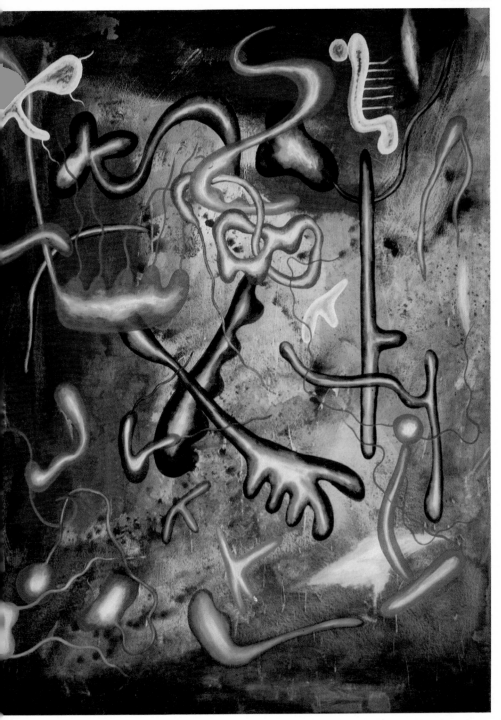

62   Georg Jiři Dokoupil. Der Leser. 1981

63   Georg Jiři Dokoupil. Ohne Titel. 1981

64   Georg Jiři Dokoupil. Fruchtwasser I und II. 1981

65   Georg Jiři Dokoupil. Ohne Titel. 1981

66   Georg Jiři Dokoupil. Portrait eines jungen Musikers (W. D.). 1982

67   Gerard Kever. Tanz in der Küche. 1980

68 Gerard Kever. Der Rosenzüchter. 1981

69   Gerhard Naschberger. Ohne Titel (Bild mit vier Flugzeugen). 1980

71   Gerhard Naschberger. Der stille Feind. 1981 ▷

70   Gerhard Naschberger. Jäger mit Kalb im Gebirge. 1980

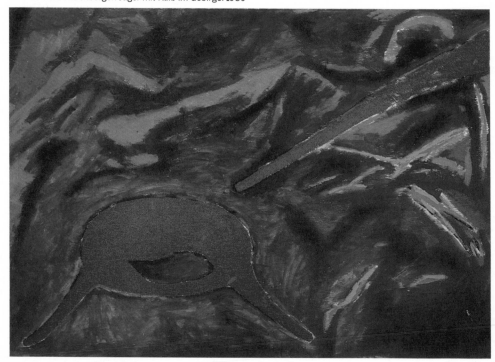

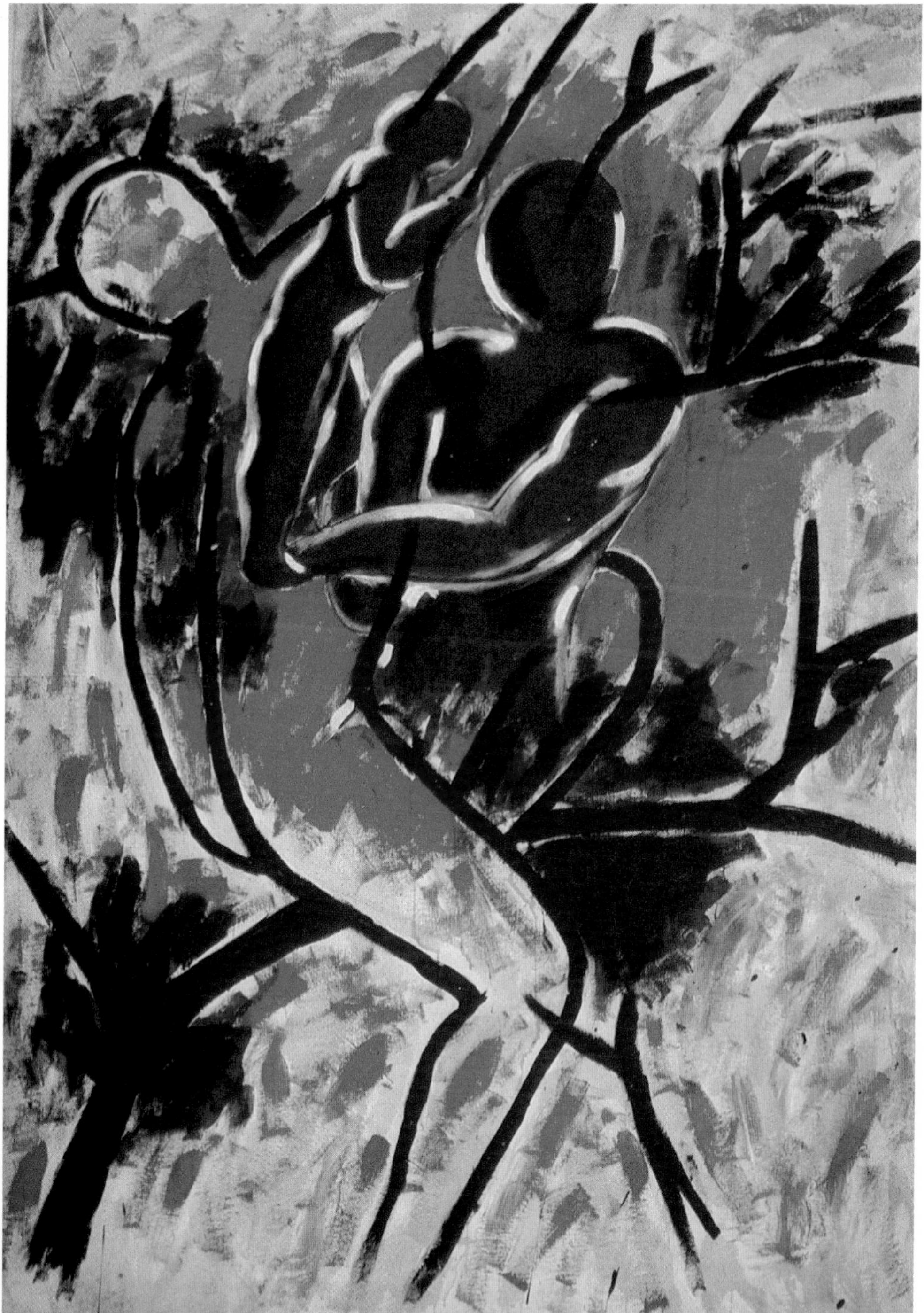

72   Gerhard Naschberger. Gott. 1981

Betrachter in ihre Aussage einbeziehen. In ›Time Tunnel‹ bildet ein Bücherregal (mit gemalten Spinnweben überzogen) den Angelpunkt der Bildinszenierung. Nach Oehlens Aussage enthält es die »Lieblingsbücher« der letzten drei Jahre. Klassiker wie Proust, Thomas Mann, Dostojewskij, Tschechow, Kafka, daneben Céline, Bekkett, Philipp Roth, Karl Kraus, aber auch Alternativhits wie die Wagenbach-Bücher ›Polizei und Justiz‹, ›Che Guevara‹ oder Maos ›37 Gedichte‹. Links im Bild erkennen wir die gemalte Version seiner bisher einzigen Skulptur, ›Eingebung‹, die sich als deutlicher Reflex auf die Minimal Art lesen läßt, eine Kritik an realitätsferner Kunst, die durch das unmittelbar benachbarte Pornozitat noch drastisch akzentuiert wird. Das daneben sichtbare Gerippe bildet den vierten thematischen Bezugspunkt: Intellekt, Kunst, Eros, Tod ... ›Time Tunnel‹. Diese Malerei stellt keine Fragen und gibt keine Antworten. Indem sie »einfach da ist«, wird ihre Schwäche zu ihrer Stärke. Sie erscheint wie ein verzweifelt-ironisches Aufbäumen gegen die Erkenntnis ›Wirklichkeit erschlägt Kunst‹ (Abb. 52).

Die Frage nach einer paradoxen Legitimation der Malerei stellt Oehlen auch in ›Als hätte man mir die Muschel rausgedreht‹ (Ft. 44). Irritationspunkt des Bildes ist ein rechts einmontierter Spiegel, in dem sich der Betrachter als Gegenüber bzw. als Bestandteil des Bildes erkennen kann. Sein »Dasein« wird dem »Dasein« der Malerei (der Kunst) konfrontiert, die – durchs bürgerliche Requisit des Harfenspiels versinnbildlicht – nicht aufhört, sich selbst zu preisen. Der Gegensatz von »Kunst« und »Leben«, »Kunstwerk« und »Alltäglichkeit« wird so ins Spiel gebracht und zugleich durch Malerei verunsichert. Der links im Bild zu erkennende »gemalte Spiegel« ist in seinem Mißlingen kaum drastischer zu zeigen: Malerei scheint zur Widerspiegelung der Wirklichkeit unfähig zu sein, und auch als Ort für Kritik oder Utopie bietet sie wenig Halt. Sie ist »schöner Schein«, und auf dessen negative Implikationen scheint es Oehlen anzukommen. Die Pinselführung zeigt es: Schiere Unbe-

52 Albert Oehlen. Wirklichkeit erschlägt Kunst. 1980. Latex auf Leinwand. 110 × 100 cm. Slg. Thomas Gräßlin

holfenheit wird eleganter »Gestaltung« konfrontiert, Höhungen setzen »geschickt« Akzente. Das Bild gaukelt Kunst vor und versucht zugleich, sie mit den eigenen Mitteln aus der Malerei zu vertreiben. Was bleibt, ist ein »als ob«, ein raffiniert wirksames ästhetisches Mimikry entleerter Bild-Lust, das der Gesellschaft als Kunst anbietet, was diese von ihr erwartet.

Spektren

Die Malerei der jungen Künstler in Berlin und Hamburg formuliert deutlich konturierte Möglichkeiten eines Umgangs mit diesem Medium. Während bei den Heftigen Malern die Bilder wie ein zeitgenössischer Reflex auf schon formulierte Bildsprachen erscheinen, dabei ausprobierend, ob dies als nach-moderne Haltung überhaupt möglich ist, gehen die Gegenpole zu dieser Haltung in Berlin und Hamburg von einer kritischen Prüfung der Malerei als Transportmittel für Ideen und politisch-gesellschaftlich bestimmte

53 Milan Kunc. Der Engel des Todes. 1980. Acryl auf Leinwand. 200 × 160 cm

54 Andreas Schulze. Ohne Titel. 1982. Dispersion auf Nessel. 225 × 300 cm

Bildfindungen aus. Im Spannungsfeld dieser gegensätzlichen Möglichkeiten lassen sich eine ganze Reihe von heutigen Künstlern ansiedeln, die sich der Malerei als eines vor allem spontanen Ausdrucksmittels bedienen, ohne daß dies jedoch zu solch markanten Positionen führte.

55 Stefan Sczcesny. Badende (Nr. 24). 1982. Leimfarbe auf Leinwand. 160 × 210 cm. Galerie Yamileh Weber, Zürich

56 Volker Tannert. Ohne Titel. 1981. Acryl auf Leinwand. 220 × 160 cm. Galerie Rolf Ricke, Köln

Auf das Problem der Nach-Moderne beziehen sich etwa die Bilder von Peter Chevalier und Daniel Nagel. Auf eine politisch motivierte Kunst zielen Dieter Hacker, Helmut Bardenheuer, Felix Droese. Isolde Wawrin und Gerhard Merz verlängern in ihrer Arbeit konzeptuelle Malereiansätze. Den Zeitgeschmack und öffentliche Bildstereotypen greifen Elvira Bach und Hella Santarossa auf.

Mit Klischees arbeiten die Künstler der Gruppe Normal (Peter Angermann, Milan Kunc, Jan Knap). Ihre Bilder versammeln in Form von Trivialallegorien die Requisiten und Wunschträume des Kleinbürgers, die in ironisch verzerrte »normale Bilder« gefaßt werden. Entlarvung und Sympathie treffen dabei zusammen und liefern das Panorama einer spießigen Bildwelt, deren Anblick Unbehagen, Ablehnung, aber auch sentimentale Zustimmung provoziert. (Abb. 53)

Vom Kitsch, von der banalen Alltagsästhetik aus entwickelt auch Andreas Schulze seine Sujets. Stand dabei früher der Durchschnittsgeschmack (›Das deutsche Reihenhaus‹) im Vordergrund, so findet er nun zu monumentalen Formarrangements, deren Simplizität zugleich zu einer spannungsgeladenen Intensität vorstößt. (Abb. 54)

Stefan Szczesny bezieht sich in seinen Arbeiten auf das Formen- und Farbenrepertoire in der Nachfolge Henri Matisses. Seine Malerei erlangt dabei eine sinnenfrohe Leichtigkeit, die die Sujets primär als Anlaß für Bildüberlagerungen, Form-Farbdurchdringungen und Flächenreize sieht. Die Bilder bestimmt eine bewußt eingesetzte dekorative Ausstrahlung, die der Gedankenschwere und der Aggressivität der meisten heutigen Bildfindungen opponiert. (Abb. 55)

Einen Gegenpol zu dieser – im positiven Sinne – »problemlosen« Malerei versuchen die Bilder von Volker Tannert. Thematisch beziehen sie sich auf Aggressionen, Verletzungen, Gewalt. Sie zeigen ›Organwechsel‹, negative ›Fortschritte der Evolution‹, ›Black out‹. Die Malerei fügt diesen Themen eine düster vehemente Ausstrahlung zu. (Abb. 56)

Die Freiheit der ›Mühlheimer Freiheit‹ – Köln

Neben Berlin und Hamburg stellt Köln das dritte Zentrum einer neuen Malerei dar. Die Künstler der ›Mühlheimer Freiheit‹ – benannt nach der Adresse ihres Ateliers in der Mühlheimer Freiheit Nr. 110 in Köln-Deutz[17] – bilden seit dem Beginn ihrer Zusammenarbeit im Jahre 1980 eine lose Gruppierung – keine feste Gruppe –, mehr durch eine gemeinsame Haltung als durch ein ausformuliertes Programm zusammengehalten. Die rasche und enorme Beachtung, die diese Künstler fanden (Hans Peter Adamski, Peter Bömmels, Walter Dahn, Georg Jiři Dokoupil, Gerard Kever, Gerhard Naschberger), hängt mit dieser Offenheit zusammen, mit dem breiten Spektrum malerischer Möglichkeiten, die die Künstler nicht nur »nebeneinander« vorführen, sondern auch in ihrem jeweils eigenen Œuvre.

Charakteristisch für diese »Ästhetik der Verstreuung« ist der spontane Umgang mit Themen, Stilen, Ausdrucksformen, der dennoch nicht beliebig wirkt: »Wir gehen davon aus, daß letztlich alles schon ist, wie in der Kunstgeschichte. Es gibt ein ständiges Nebeneinander von Phänomenen. Und dies wirklich zu begreifen, führt zu einer veränderten Einstellung dem Leben gegenüber. Noch nie zuvor gab es soviel Gleichberechtigtes nebeneinander. Überall sieht man Strömungen, Bewegungen, Entwicklungen …« (Walter Dahn)[18]

Die zum Teil sehr extremen Bildfindungen entspringen einer Unbekümmertheit, die spontan und intensiv ins Bild umsetzt, was an heterogenen visuellen Einflüssen gegenwärtig auftaucht. Prägend für diese Haltung war die Auseinandersetzung mit der italienischen Arte cifra (Sandro Chia, Francesco Clemente, Enzo Cucchi, Mimmo Paladino, Nicola De Maria) und ihrer neuen Ästhetik wie auch eine Verlängerung bzw. Umdeutung konzeptueller Aspekte der Kunstproduktion, wie wir sie aus den späten 60er und 70er Jahren kennen. Die Bilder formulieren einen

Kontext, der ein changierendes Bedeutungsfeld aufbaut, das jedoch kein benennbares Zentrum, keine Doktrin, keinen neuen Stil besitzt. Die einzelnen Arbeiten erschließen sich letztlich deshalb erst durch den Blick auf das Gesamt der Bilder.

Was sich als Nebeneinander der Bilder bei Gerhard Richter oder Sigmar Polke eher neutral auf die »Malerei als Malerei« bzw. auf ein »Jenseits der Malerei« bezieht, wird bei den Künstlern der Mühlheimer Freiheit unvorbelastet und in gewisser Weise rücksichtslos an die Selbstaussage des Malers angebunden. Dieser »amoralische« Umgang mit der Malerei, der im »Hier und Jetzt« sich verwirklicht, rückt das Bild als Ort einer faszinierenden Bildfindung ins Blickfeld. Dementsprechend geht es nun weniger um Malerei als um eine Benutzung der Möglichkeiten der Malerei für die visuelle Umsetzung ihrer Bildphantasien. Die Erfahrung zeigt, daß sich dabei Malerei und Person kaum auf eine eindeutige, die Person bzw. das Œuvre identifizierbare Weise verbinden, wenn man der »Lust am Bild« freien Lauf läßt. Die Begründungen für das Dasein der Bilder kommen ohne eine definitive Konzeption aus und die Bilder lassen sich – nebeneinander oder sogar in der Form eines inneren Wider-Spruchs – aus verschiedenen Bildlegitimationen herleiten, für die es weder eine Hierarchie noch eine verbindliche übergeordnete Begründung gibt.

Historisch ist dies durchaus mit dem Werk von Duchamp, Picabia oder Cravan zu vergleichen. Auch dort ging es um einen »Freien Stil«, der sich in den Unterschieden zwischen den einzelnen Werken verkörpert. Doch während die historischen Positionen sich eher als Kunstformen einer Anti-Kunst verstanden, taucht bei den Kölnern das Moment der Bejahung auf, der lustvolle Umgang mit *allen* erdenklichen Möglichkeiten. Führt dies zu einem proteischen Werk, das sich stets wandelt, so wird damit zugleich der Künstler als eine Vielheit erkennbar. Er sucht in der Kunst nicht die Identitätsstiftung, sondern die Identitätsirritation – bis hin zur Auflösung einer durch sein Werk zu identifizierenden Subjektivität. Kritik taucht auf in der Form eines »Woandersseins«, das sich den Normen der Gesellschaft, der akzeptierten Kultur, ebenso entzieht, wie den Normen, die das »Ich« des Künstlers suggerriert. Daß eine solche Haltung ganz verschiedene Richtungen einschlagen kann, versteht sich. Deshalb gibt es auch nicht *die* Kunst der Mühlheimer Freiheit, sondern ein breites Spektrum divergierender Möglichkeiten.

Hans Peter Adamski

Aspekte der Verwandlung, der Durchdringung, der Umdeutung und des Nebeneinanders bestimmen die Arbeiten des 1947 geborenen Hans Peter Adamski. Mehrdeutigkeit wird angezielt, die sich zum einen in den Sujets seiner Bilder abzeichnet, die sich zum anderen aber auch in der Wahl der stilistischen Mittel, Vorbilder und Anspielungen erkennen läßt: »Unsere Arbeiten sind von Anfang an so angelegt, daß sie nicht klar zu definieren, nicht einzuordnen sind. Auch für mich nicht. Denn das widerspricht ihrer Offenheit, ihrer offenen Thematik, ihrer offenen Ästhetik.«[19] Oder: »In meinen Bildern möchte ich mir selbst fremd werden. Widersprüchliche Empfindungen ziehen mich enorm an.«[20]

57 Hans Peter Adamski. Kuß mit Zungenschlag. 1980. (Installation bei der Ausstellung ›Auch wenn das Perlhuhn leise weint . . .‹, Hahnentorburg, Köln 1980) Fotokarton. Ca. 380 × 180 cm. Privatbesitz, Berlin

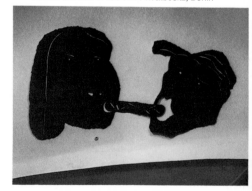

Adamski, ursprünglich mit Fotografie und Konzepten arbeitend, sucht prägnante Bildfindungen, die sich unmittelbar einprägen, obwohl die mehrdeutigen »Symbole« für eine Benennung wenig Halt bieten. Neben der Malerei bilden Scherenschnitte und großformatige Zeichnungen Schwerpunkte seiner Arbeit. Auch sie greifen das Thema der Durchdringung auf und präzisieren es durch die benutzten künstlerischen Mittel. Der Scherenschnitt ›Kuß mit Zungenschlag‹ (Abb. 57) kann als »Ikone« für Adamskis Vorgehensweise gelten. Ursprünglich ein Bestandteil der Ausstellungsinstallation ›Auch wenn das Perlhuhn leise weint...‹, in der sich ein Teil der ›Mühlheimer‹ erstmals der Öffentlichkeit präsentierte, »zeigt« er »Nichtzeigbares« in ironisch-verfremdeter piktogrammartiger Verkürzung. Wird die Vorgehensweise hier auf einen Einzelaspekt konzentriert, so führt sie in Adamskis Malerei zu komplexen Bildkonstruktionen.

›Das Land des Lächelns‹ (Ft. 45) und ›Wissender Anschlag‹ (Ft. 46) basieren auf Prinzipien eines inneren Widerspruchs: ›Das Land des Lächelns‹ stellt einen thematisch verblüffenden Kontrast her zwischen dem durch Milieu und Stilzitat geschaffenen Exotismus und der »Szene«, die in dieser Umgebung spielt. »Japan« und »Melkerin« – diese »gesuchte« Verbindung erscheint absurd und gleichzeitig – durchs Bild – gerechtfertigt.

Der ›Wissende Anschlag‹ wählt ein umgekehrtes Verfahren. Scheint der Titel eindeutig, klar und rational formuliert zu sein, so beruht die Malerei vor allem auf dem Prinzip des Zufalls, auf der Ausnutzung von »Klecksographien« für eine groteske Bildfindung.

›Der Schleusenwärter‹ (Ft. 47) rückt als »Bild im Bild« vehemente Zeichnung und asiatisch elegante Stilisierung vor dem Hintergrund einer konstruktivistischen Flächenaufteilung nebeneinander. Der – auch im Bildtitel evozierte – deutlich erotische Aspekt taucht als Spannung in den stilistischen Mitteln des Bildes auf und wird durch die Parallelsetzung der Figuren (Kopf, Kopf; Tierkopf, Geschlecht) im Bild »interpre-

tiert«. Diese Interpretation jedoch bleibt »offen«, anzufüllen mit den eigenen Lesarten des Betrachters.

Gerard Kever

Als »Bild über ein Bild« läßt sich ›Der Rosenzüchter‹ (Ft. 68) des 1956 geborenen Gerard Kever lesen. Den Hintergrund bildet ein gemalter Ausschnitt aus dem bekannten Gemälde ›Gabrielle d'Estrées und eine ihrer Schwestern‹ von einem unbekannten Maler der ›Schule von Fontainebleau‹ Ende des 16. Jahrhunderts. Kever »kopiert« diesen Ausschnitt nicht, sondern liefert eher ein lockeres Zitat oder eine rasch skizzierte Paraphrase auf die historische Vorlage. Die diesem Ausschnitt vorgelagerte, mit vehementen Pinselstrichen »hingehauene« Malerei zeigt ein grotesk verzerrtes Wesen, das wie bei einer Kreuzigung auf ein Brett genagelt ist. Obwohl stilistisch in keiner Weise miteinander verbunden, lassen sich die beiden Bildebenen trotzdem miteinander in Beziehung setzen. Eine Thematik wird entworfen, die sich durch das Zusammenspiel der beiden Teile wechselseitig deutet, wodurch Relativierungen, Kausalbeziehungen, Oppositionen sichtbar werden. Der ursprüngliche Sinn der »intimen Geste« der Vorlage – der diskret verschlüsselte Hinweis auf die Schwangerschaft Gabrielle d'Estrées – findet in Kevers Kommentierung keinen direkten Ausdruck. Das Bild läßt sich auch ohne dieses Wissen lesen. Das lebenserhaltende »Lustprinzip« birgt zugleich Qual, groteskes Leiden, Kreuzigung.

Diesem »Ernst« wird durch die Malweise widersprochen. Die »Schmiererei« des Farbauftrags und die karikaturistisch-schnelle Linienführung erzeugen eine Aussage, die die Statik einer festlegenden Deutung unterläuft. Die vorgeblendete Bildebene wirkt wie ein »momentaner« Einfall, wie ein visualisierter Gedankenblitz, dem ein Moment des Beliebigen anhaftet. Vorstellbar werden andere »Kommentare« und weitere Szenen, die auf den historischen Hintergrund ge-

se jede Verklärung fehlt. Das Bild übermittelt eine widersprüchliche emotionale Energie, die zwischen Naivität und Kalkül schwankt.

Peter Bömmels

Im Gegensatz zu Gerard Kevers Verfahren der Bilddivergenzen geht der 1951 geborene Peter Bömmels von einer homogenen Bildsprache aus. Sie besitzt ihre Verankerung in dem Bemühen, subjektive Bildobsessionen direkt und ohne den Blick auf Stilprobleme zu übermitteln. Für ihn ist die Malerei nur Hilfsmittel für die Umsetzung von visionären Themen und assoziativen Bildeinfällen. Deshalb wirken Bömmels' Bilder enorm unvorbelastet, spontan und gleichsam mit dem Einsatz der ganzen Person gemalt.

Die Bildfindungen, die Bömmels vor Augen stellt, resultieren durchgängig aus der Umsetzung von Zeichnungen und Notizen, die vom Prinzip der freien Assoziation oder des Tagtraums ausgehen. Zugleich spielt Bömmels gedanklich mit dem von ihm angefertigten Material, er stellt sich Aufgaben (»Wie kann man eine Seele malen?«), oder er sucht neue, ungewohnte Bildgründe (»Was kann man auf einem Bild als ›miteinander unvereinbar‹ zeigen?«). Der obsessionale Charakter der Bildproduktion führt zu Bildern als Chiffren, deren introvertierte Details der Betrachter assoziativ umkreisen muß.

So ist die ›Phänomenologie der Mutter‹ (Abb. 59) ein visuelles Gedankenspiel, eine »Erzählung«, die in hermetisch-verschlossener Form Bömmels' Assoziationsverkettungen aufschreibt. Obwohl ein solches Bild für Bömmels weitgehend »lesbar« ist, erzeugt es eine verborgene Bedeutung, die in die Nähe des Idiolekts, eines extrem subjektiven Sprechens, führt. »Mir geht es in meinen Bildern um mich selbst. Sie stellen die Frage nach meiner Identität und ich entdecke, daß Identität nichts Festes ist, auf gar keinen Fall eine Konformität zwischen meinen Wünschen, Interessen, Bedürfnissen und den äußeren Bedingungen. Ich möchte Wahrneh-

58 Gerard Kever. Stilleben III. 1981. Dispersion auf Nessel. 145 × 135 cm. Privatbesitz

blendet werden können. Dies entspricht Kevers Aussage: »Wir haben auch keine festumrissenen malerischen Probleme, kein genau umgrenztes Feld von Aussagen. Inhalte im traditionellen Sinn gibt es für uns eigentlich gar nicht.«[21]

Seltsam eindimensional wirkt Kevers Vasen-Stilleben (Abb. 58). Sieht man einmal von der Frage ab, ob die gezeigte Vasenform überhaupt den von ihr ausgehenden Schatten werfen kann, so erzeugt das Bild eine Leere, die von Kever als bewußter Gegenpol zur Komplexität seiner sonstigen Bilder vorgestellt wird. Das Faktische des Sujets, das Faktische der Malweise, erzeugen ein »Du siehst, was Du siehst«. Das Bild als Ort einer beliebigen »Darstellung« opponiert jedem höheren Sinn. Es ist leerer Schein, durch Malerei besetzte Fläche.

Eine sehr individuelle Bildfindung führt Kever in ›Tanz in der Küche‹ (Ft. 67) vor. Die einprägsam kuriose Geste des Tänzers, der Küchenherd mit dem »Frosch in der Pfanne«, die »sinnlose« Leiter, all dies verbindet sich auf dem starkfarbig blauen Hintergrund zu einer märchenhaften Bildchiffre, der jedoch durch die aggressive Malwei-

mungen ausprobieren und keine Angst davor haben, sie anderen Leuten mitzuteilen.«[22]

Dieses Selbstvertrauen, das hinter den Bildern von Bömmels zu erkennen ist, fügt die Unlogik der Bildfindungen zusammen. So ist der Wunsch, Kindheitserinnerungen noch einmal durch Malerei heraufzubeschwören in ›Ein König fällt nicht vom Himmel‹ (Ft. 49) als Ausgangspunkt für ein Bild zu akzeptieren. Basiert hier der Bildeinfall auf »Erinnerung« (Erinnerung an Schubkarrenrennen in Bömmels Geburtsort Frauenberg), so stammt er in dem bemalten Papierriß ›Ein-Weg‹ (Ft. 48) aus einem assoziativen Denkprozeß, der seinen Ausgangspunkt in der Gegenüberstellung zweier hockender Männer besitzt.

Auch Bömmels ›Doppelkreuz‹ (Ft. 50) basiert auf dem Prinzip der Assoziation, die sich hier an der vorgefundenen Form von zwei durch Leinenstreifen zusammengefügten Schalungsbrettern entzündet. Das Gesamt der figurativen Darstellungen besitzt kein einheitliches ikonographisches Programm, obwohl die Bildteile ineinander greifen und direkt – etwa durch die Kette links – aufeinander bezogen sind. Die freigesetzte Phantasie erkennt eine Vielheit von Bildeinfällen. So ist etwa die Figur rechts »eine alte Frau, der ein Boot aus dem Mund ragt, das sich in einen Menschenkörper verwandelt« (Bömmels). Wird dies nicht »allgemein« erkannt, so verfehlt die Malerei keinesfalls ihr Thema.

Denn Bömmels geht es nicht um die Präzision von Traumbildern, wie sie die surrealistische Tradition als verdrängte, präzis zu fassende Bildsprache vorstellt und auch nicht um die unfreie Eindeutigkeit der ›Art brut‹, sondern um ein Zusammenspiel von Malerei und Bildfindungen, wobei dieser Prozeß als Form der Metamorphose verstanden wird. Werden die Metamorphosen offen gehalten, zeigen sie sich »im Fluß«, so erreichen die Bilder von Bömmels eine Wirkung, die eine visionäre Qualität zeigt. Zugleich aber stellen sie die Frage, wodurch sich diese visionäre Märchenwelt, dieses künstliche Bilderparadies der Kunst gegenwärtig rechtfertigen kann,

59 Peter Bömmels. Phänomenologie der Mutter. 1981. Öl auf Leinwand. 220 × 143 cm. Galerie Paul Maenz, Köln

was sie als »Eskapismen« oder »Anachronismen« zeitgenössisch macht.

›Finis‹ (Ft. 52) zeigt Unmögliches. Der Stab, der einen Kopf durchbohrt, verwandelt sich in Wasser, das einen Arm und eine Hand hat, die den Stab hält, der durch den Kopf führt. Die Metamorphose wird zum bildlichen Perpetuum mobile, ein Thema, das auch die »mythische, androgyne Figur« des Stroms ins Bild setzt. Den Hintergrund bildet die Kulisse einer zerstörten Stadt mit ausgebrannten Häusern, ein Zeichen für ein apokalyptisches Ende: ›Finis‹.

Im Zentrum von Bömmels' ›Erstem Selbstportrait‹ (Ft. 51) steht ein Zitat aus Bracellis ›Bizzarie di varie figure‹[23]: die sich in den Maler verwandelnde Staffelei. Auf seinem Kopf befindet sich ein »Mischwesen aus Palette und Tier«, am Bein ist »das Bild« befestigt, in der Linken hält er einen Stab mit dem eigenen Gesicht (»Er hat sich in der Hand«). Als akzentuierende, gegenläufige Kompositionsachse benutzt Bömmels ein »Fabeltier« und eine »Form«, die durch Schnüre mit »dem Maler« verbunden sind. Am Schwanz des Tieres befindet sich ein weit entfernt stehender Mann, der in einem Buch liest, mit dem »Geschehen«, der »Geschichte« des Bildes verbunden und dennoch desinteressiert und unbeteiligt.

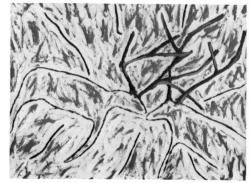

60   Gerhard Naschberger. Kämpfende Hirsche. 1980. Dispersion auf Nessel. 149 × 199 cm. Museum Boymans-van Beuningen, Rotterdam

Gerhard Naschberger

»Die Unwirklichkeit der Bilder«, dies kann man als eine dahinter liegende Folie für die Malerei des 1955 geborenen Gerhard Naschberger bezeichnen. Ihre Sujets beziehen sich oft auf kunstgeschichtliche Themen und Vorbilder. Dennoch sind sie keine Kommentare zu Kunst. »Meine Bilder sollen den Betrachter ansprechen. Ich will ›Liebe auf den ersten Blick‹. Zugleich sollen sie einen doppelten Boden besitzen. Sie sollen vor allem faszinieren.« (Gerhard Naschberger)[24]

Die Beziehungen im ›Bild mit vier Flugzeugen‹ (Ft. 69) zwischen den schemenhaft-opaken, sich auflösenden Figuren, die ein Tier mit sich führen, den »Papierfliegern« und dem transparenten rosa Hintergrund sind nicht zu identifizieren. Eher wird eine Stimmung übermittelt, ein transzendierender Gefühlszustand, der immateriell wirkt und für den die Figurationen nur »menschliche« Reize darstellen.

Ähnliches gilt für den ›Jäger mit Kalb im Gebirge‹ (Ft. 70). Hier scheint eine Nähe zu Franz Marcs Tierdarstellungen zu bestehen (oder auch – gegenwärtig – zu den Tieren der amerikanischen Malerin Susan Rothenberg). Doch will Marc das Tier-Wesen im Bild »einfangen«, so ist bei Naschberger der Zweifel an diesem Vorgang mitgemalt. Das »Kalb« ist unter einem anderen Blickwinkel »reine Form«, ohne den Titel vermag

sich das »Lesen« des Bildes durchaus andere Deutungen zu erobern.

Subjektive Lesart und neutraler Stil verbinden sich in Naschbergers Bild ›Kämpfende Hirsche‹ (Abb. 60). Sie erreichen eine Anonymität der Malerei, die Erinnerungen an die magischen Felszeichnungen der Steinzeit heraufbeschwören.

Das Bild als Ort von Durchdringungen, hiervon spricht auch ›Der stille Feind‹ (Ft. 71). Zusammengefügt sind zwei Sujets: Die Figur, die ein Kind auf der Hand präsentiert, und ein Kletterer in einem Geäst. Dieses Verfahren des »Übereinanderblendens« – das zahllose historische Vorläufer seit Picabia hat – bestimmt nicht nur zahlreiche Arbeiten Naschbergers, sondern der meisten Künstler der ›Mülheimer Freiheit‹. Erzeugt wird dadurch eine komplexe Bildstruktur, die nicht als Entwertung der Bilder im Sinne einer Anti-Kunst zu verstehen ist, sondern als Ausweis der medialen Qualität von Malerei. Nicht-Präsentes stellt sich her, das zwischen den Bildebenen Verrätselungen schafft, statt sie wechselseitig zu kommentieren. Das Sichtbare soll zugleich wieder verborgen werden.

In Naschbergers Bild ›Gott‹ (Ft. 72), erkennen wir schemenhaft die Umrißlinien einer menschlichen Gestalt. Hinter dem Kopf/durch den Kopf scheint ein Gesicht auf, das in seiner maskenhaften Strenge Portraitbüsten der 20er Jahre zitiert. Die »Sehstrahlen« dieser Büste strahlen über die Umrißfigur des Vordergrundes hinaus. »Gott« ist im Bild nicht anwesend: »Du sollst Dir kein Bildnis machen«.

Naschberger umkreist dieses Thema nicht nur in dieser Arbeit. Fast sämtliche seiner Bilder sprechen davon. Jean-Christophe Ammann: »Ich glaube, es geht ihm letztlich darum, ein banales Motiv in einen Zustand ekstatischer Erleuchtung zu versetzen. (...) Was Naschberger anstrebt, ist, dem Unscheinbaren die Glut des Unwiderruflichen zu verleihen.«[25]

61   Walter Dahn. Die Gotik lebt in den Beinen betrunkener Cowboys (Contort Yourself II). 1981. Dispersion auf Nessel. 150 × 200 cm. Privatbesitz

Walter Dahn

Die Malerei von Walter Dahn (geboren 1954) wirkt direkt, unmittelbar, spontan. Und doch entsteht sie in den meisten Fällen aus kleinen Skizzen, die als Vorlage auf die Leinwand projiziert werden. Zwischen die Bildeinfälle und die Bildrealisierung schiebt sich so eine Zwischenzeit, die vor allem auch für die Auswahl des Materials genutzt wird, für die Suche nach prägnanten Bildmotiven, die die Kraft haben, wie Signets zu wirken.

Ein solches Bild als Signet stellt ›Du bist schuld‹ (Ft. 53) dar, das auf einer Zeichnung basiert, die Dahn zusammen mit Georg Jiři Dokoupil skizzierte. Die Umsetzung in Malerei besitzt einen deutlichen Zeichnungencharakter, der einer ungehemmten, anarchischen Malweise kontrastiert wird. Malweise und »Figur« treten in eine Konkurrenz. Die abstrakte Form wird durch die Konturenzeichnung zu einer Art malerischem Graffiti, das an die Anonymität von Telefonzeichnungen oder Wandinschriften erinnert. Deren Nähe zur Erotik, zur pornographischen Phantasie, schwingt auch in ›Du bist schuld‹ mit.

Das »Zeichen« läßt sich durchaus als vermenschlichter Penis erkennen, als ein Spiel »mit dem kleinen Herrn« des Mannes. Die (von Gerhard Naschberger eingefügte) Überschrift bildet eine Art Kommentarebene zum Bild. Sie stellt durch die Anrede eine direkte Beziehung zu dem abgebildeten »Wesen« her und provoziert zugleich eine Frage: »Du bist schuld«, doch: »Woran?« Diese Frage beantwortet das Bild nicht. Versteht man sie »psychologisch«, so gelangt man zu einem komplexen Assoziationsfeld: Sexualität und Sublimation in Kunst (in Malerei), Lusttrieb und Kultur – Eindeutigkeit erreicht diese Beziehung jedoch nicht. Eher entsteht der Eindruck, daß der enorm spontane Einsatz der malerischen Mittel genau das Gegenteil erreichen will. Es geht um humoristische Affizierung, um Spannung, um »Lust am Malen«.

Wird ›Du bist schuld‹ von einer alle Zweifel an der Malerei beiseite schiebenden Selbstüberzeugung bestimmt, so deutet sich in Dahns ›Ich‹ (Ft. 54) eher Skepsis an. Auf den fahl-grünen Hintergrund (unter dem sich mehrere übermalte Bilder befinden) ist eine Zeichnung projiziert, die sich auf verschiedenste Weise lesen läßt. Zum einen erkennen wir im Kopf zwei symmetrische, sich aufeinander zubewegende Körperhälften, zum anderen – und so sieht es Dahn – läßt sich die Kopf-Körper-Durchdringung als Hineinspringen eines Mannes in seinen eigenen Kopf deuten. Das Bild erreicht die Prägnanz eines Si-

145

gnets, das durch Gesichtsausdruck und Farbigkeit eine emotionale Grundstimmung erhält. Als Auslöser für das Bild kann man das visuelle Wörtlichnehmen einer Redewendung vermuten: »Geh in Dich!«

Die Umsetzung eines Sprechens in Bildern illustriert auch ›Ein Besen fressen . . .‹ (Ft. 57). Doch die Eindeutigkeit der Beziehung von Bild und Titel schwächt die Wirkung des Bildeinfalls. Ins Blickfeld rückt eine »gekonnte« Malerei, die beginnt, ihre Mittel auszustellen und Traditionen – etwa die von Immendorff – weiterzuführen.

Eine komplexere Wort-Bild-Beziehung führt Dahn in ›Die Gotik lebt in den Beinen betrunkener Cowboys‹ (Abb. 61) vor. Der groteske ins Bild eingeschriebene Titel erzeugt ein kurioses Assoziationsfeld, das seine überraschende Wirkung durch eine schnoddrige Unangemessenheit erhält. Dieser Aspekt eines »fahrlässigen« Umgangs mit Malerei erweist sich jedoch als die eigentliche Stärke von Dahns Bildern. »Es geht nicht darum – formal oder inhaltlich – eine Anti-Ästhetik zu formulieren. Eine solche Einstellung überlebt sich viel zu rasch. Es geht auch nicht darum, permanent *gegen* etwas zu sein, auch nicht gegen andere Künstler. Denn wenn man gegen etwas sein will, dann muß der Gegner klar umrissen, klar erkennbar sein. Aber so einen Gegner gibt es jetzt gar nicht.« (Walter Dahn)[26]

Die beiden Arbeiten ›Vier Glas Kölsch (Herr Ober)‹ (Ft. 55) und ›Snakefinger III (Im kalten Winter 81/82)‹ (Ft. 56) machen auf zwei zentrale Aspekte im Werk von Walter Dahn aufmerksam. Zum einen bestimmt seine Bilder die Suche nach einer optimalen und einmaligen Bildfindung, wie sie ›Vier Glas Kölsch‹ als malerischer Slapstick vorführt, zum anderen arbeitet Dahn mit »Bildrepliken«, in denen ein Sujet wiederholt, abgewandelt oder umgedeutet wird. Diese Varianten versuchen – wie in ›Sknakefinger‹ – ein Ausprobieren der Malerei, ein Durchspielen der affektiven Veränderungen, die die Arbeiten vor allem durch die Farbe als Stimmungsträger erreichen. Das in den Bildvarianten vorgestellte »Nebeneinander« entspricht dabei genau Dahns Bilddenken.

In der Groninger Ausstellung der ›Mülheimer Freiheit‹ gruppierte er eine umfangreiche Folge heterogener Bildfindungen um das Bild – und die Idee – ›Maler ohne Idee‹, sarkastisch auf die von der Kritik gegen die neue Malerei erhobenen Vorwürfe eingehend. Zugleich macht er hiermit darauf aufmerksam, daß letztlich das einzelne Bild nicht für sich besteht, andererseits aber auch die Vielzahl der Bilder nicht auf *eine* Idee zurückgeführt werden kann. Dies Moment der »Verstreuung« in der Bildproduktion macht die Bilder zu wuchernden Wurzelpunkten, die sich in die verschiedensten Richtungen, Themen, Bildfindungen, Malmöglichkeiten auswachsen können.

Walter Dahn / Georg Jiři Dokoupil

Eine dieser Möglichkeiten ist die kollektive Bildproduktion, die das Bild als Fokus für mehrere »Projektionen« versteht. Die Arbeit der Künstler der ›Mühlheimer Freiheit‹ stellt sie in wechselnden Konstellationen vor. Besonders in der Anfangsphase der Gruppe finden wir enge Formen der Zusammenarbeit und eine ständige gegenseitige Beeinflussung. Gerard Kever, Walter Dahn und Georg Jiři Dokoupil schaffen ein großformatiges, die verschiedensten Stile und Maltechniken vereinigendes Bild, ›Die Fräulein von Köln‹, das durch ein bemaltes Holzrelief akzentuiert wird. Hans Peter Adamski und Georg Jiři Dokoupil stellen für die Groninger Ausstellung der ›Mülheimer Freiheit‹ ein Bild mit dem Titel ›Die fleißigen Bienen‹ her, das sich bei genauerer Betrachtung als gigantisches »Aquarell auf Leinwand« entpuppt. Aus der Vielzahl dieser spontanen Zusammenarbeiten führt nur die Beziehung von Dahn und Dokoupil zu einer systematischen Gemeinschaftsproduktion.

In einer Folge von drei Arbeiten zeigen sie 1980 ›Kotzer‹, aggressiv bunte, das eklige Thema in einen Farbrausch verwandelnde Bilder, die an Drastik kaum zu überbieten sind (Ft. 58). Den

62 Walter Dahn/Georg Jiři Dokoupil. Robert Ryman, Can You Hear Me? 1980. Kohle, Lack und Dispersion auf Nessel. 112 × 195 cm. Galerie Paul Maenz, Köln

intellektuellen Gegenpol hierzu bildet ›Robert Ryman, Can You Hear Me?‹ (Abb. 62), eine Arbeit, die sich mit dem Zitat von stumpfen und glänzenden weißen Flächen und mit einer Cartoon-Zeichnung, auf der »Ryman« mit einem Schlagbohrer die »neue Malbotschaft« eingehämmert wird, unmittelbar auf Kunstgeschichte bezieht.

Nach einer Zwischenphase, in der Dahn und Dokoupil eine ungeplante, vehemente Spontanmalerei ausprobieren, deren psychischer Automatismus zu krassen, erotisch besetzten Chiffren führt (›Die Waage der Vernunft‹, 1981), erarbeiten sie Ende 1981 eine Serie von Bildern, die unter die programmatische Forderung »Ein Pinsel« gestellt wird.[27] Gesucht wird zum einen die Auflösung des Individualstils, zum anderen die Verschmelzung der Bildeinfälle und Malweisen zu *einem* Werk. Die extremen Bildfindungen, die diese Arbeiten kennzeichnen, beruhen nun nicht mehr auf eher spontanen Motiventdeckungen im

Akt des Malens, sondern auf Vorüberlegungen zum Bild als »Image«.

›Deutscher Wald‹ (Ft. 59) greift das Klischee auf, daß das Malen eines »deutschen Waldes« (wie wir es z. B. bei Anselm Kiefer finden) unmittelbar etwas mit Nationalismus oder Nazivergangenheit zu tun haben müsse. Dahn/Dokoupil konstruieren ein imaginäres Wesen, das fast völlig aus Hakenkreuzen besteht, und das sich bramabarsierend durch den Wald bewegt. Die Komik, die erreicht werden soll, zielt auf eine Wirkung, wie sie etwas Chaplins ›Großer Diktator‹ bravourös vorführt. »Uns interessiert in Themen und Bildern die Irritation. Wir wollen Ernsthaftigkeit und Witz zugleich. Uns beschäftigt ständig: Wie weit kann man gehen? Wie lange ist etwas erträglich, wann wird es unerträglich, wann penetrant?« (Walter Dahn)[28]

In ›Gedanken sind Feuer‹ (Ft. 60) erreichen Dahn/Dokoupil jene visuelle Prägnanz, die sie als Ziel in ihren Gemeinschaftsarbeiten anstre-

147

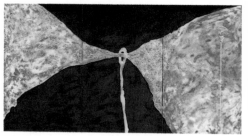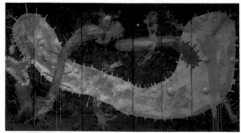

63 Georg Jiři Dokoupil. Die Erschaffung des Universums (4 Teile: Die Geburt des Universums; Die Entstehung der Scheiße; Seufzer der Wissenschaft; Die verzweifelte Suche nach einem neuen Menschenbild). 1982. Mischtechnik auf Rupfen. Je 240 × 450 cm. Privatbesitz

ben. Mittelpunkt des Bildes ist »der rote Fleck« auf der Stirn, der Ort des Zentrums der Gedanken, das »Dritte Auge«. Von ihm aus strahlt die Energie, die das Bild bestimmt, und die Denken und Handeln in Bildchiffren miteinander verbindet. Läßt sich das Bild – auf den ersten Blick – als manieristische Vision sehen, so zeigt es sich bei genauerer Betrachtung auch als Kommentar zur Gegenwart. »Häuserkampf« und »Ökologiebewegung« spielen in die Symbolik hinein, für gesellschaftliche Probleme wird – staunend – eine naiv-emotionale Bildformel gefunden, deren »Wärme« fasziniert und die – bei aller Skepsis – Zuversicht verbreitet.

Auch der ›Treppenkopf‹ (Umschlagabbildung Vorderseite), den die Männer »kopflos« – aber zielgerichtet – besteigen, bietet eine prägnante Bildchiffre, die zugleich in eine Verrätselung umgedeutet wird. Die Trennung von »Körper« und »Kopf« – das Lebensgefühl und die Aufstiegschancen der heutigen Gesellschaft bestimmend – führt zu einer paradoxen Eindeutigkeit, die die Suche nach einer bündigen Deutungsformel anstachelt.

Die enorme Intensität der Bildfindungen, die Dahn/Dokoupil in ihren Gemeinschaftsarbeiten entdecken, führt dazu, daß jeder der beiden Maler – nach der Phase der Kollektivproduktion – sich die Sujets noch einmal »aneignet« und mit eigenen Varianten weiterführt. Doch in diese Weiterführungen dringen die Gemeinschaftserfahrungen ein. So läßt sich für die Malerei von Dahn/Dokoupil zitieren, was Gilles Deleuze und Félix Guattari in ›Rhizom‹ schreiben: »Wir haben den ›Anti-Ödipus‹ zu zweit geschrieben. Da jeder von uns mehrere war, machte das schon eine Menge aus...[29]

Georg Jiři Dokoupil

»Das Ich im Plural«, dies drängt sich auch als Eindruck auf, wenn wir Bilder von Georg Jiři Dokoupil (geboren 1954) betrachten. Themen, Stile, Malweisen scheinen von Bild zu Bild verschieden, nichts verbindet sie untereinander, allein der Name bleibt als Verbindung stiftende Identität. Diese Aufspaltung wirkt auf den ersten Blick beliebig. Das »Anything goes« findet seinen Niederschlag in einem Panorama von Bildmöglichkeiten, die untereinander keinen einsehbaren Zusammenhang stiften. Denn was verbindet den Comic-Kopf des ›Lesers‹ (Ft. 62) mit dem ›Philosophen‹ (Ft. 61), was stellt eine Beziehung her zwischen ›Fruchtwasser I und II‹ (Ft. 64) und dem grotesken Fabelwesen mit seinem »Penisauge« (Ft. 65)?

Will man diese Frage beantworten, so muß man sie unter zwei divergierenden Aspekten sehen. Einmal geht es um die Bilder als einzelne

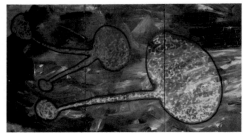

Formulierung einer Bildidee, zum anderen um »das Werk«, das Nacheinander/Nebeneinander der verschiedenen Bildfindungen. Daß der letzte Aspekt nicht notwendigerweise vom Prinzip der Kontinuität bestimmt sein muß, hatten wir schon in der Auseinandersetzung mit den Arbeiten von Gerhard Richter und Sigmar Polke kennengelernt. Die Vorstellung, daß ein Künstler *seinen* Stil zu finden hat, den er mit *seiner* Auffassung von Sujets koppelt, kann also keineswegs für die gegenwärtige Kunstproduktion als Verpflichtung angesehen werden. Wer sich dennoch auf sie beruft, tut dies mit demselben Recht wie der Künstler, der sie mißachtet.

Dokoupil ist weder an der Ausbildung eines Individualstils noch an persönlichen, »typischen« Sujets interessiert. »Kontinuitäten in meinen Arbeiten interessieren mich nicht. Mich interessiert eine Arbeit in Brüchen und Widersprüchen.«[30]

Im Zentrum seines Werkes steht eine Haltung bzw. eine Vorstellung von Malerei, die das Bild vor dem Hintergrund der größtmöglichen Bildwirkung sieht. Jedes Bild ist eine alle anderen Bilder uminterpretierende Behauptung. Jedes Bild treibt eine Möglichkeit von Malerei ins Extrem und führt vor, was mit Malerei noch, wieder oder jetzt erst zu sagen ist. Bilder sind dementsprechend »Besetzungen«, wechselnde Belege für ein Kunstwollen, das sich im einzelnen Bild mit

höchster Intensität auflädt, um sich im Nebeneinander der Bilder zugleich zu verstreuen. Dabei schwanken die Bildfindungen zwischen extrem eigenständigen »Images« und Bildzitaten, zwischen Stilparaphrasen und Sujetklitterungen.

»Kunstgeschichte zitiere ich oft aus einem momentanen Bedürfnis heraus. Ich benutze sie wie eine vorgefundene Sprache. Mein Interesse ist dabei sehr sprunghaft. Ich schlüpfe in eine andere Rolle und bin das dann.« (Georg Jiří Dokoupil)[31] Diese lapidare Feststellung charakterisiert die Brüche und Widersprüche in Dokoupils Arbeit. Sie baut kein beständiges Kontinuum auf, sondern versucht, jede Form der Festlegung zu unterlaufen.

So könnte der ›Philosoph‹ (Ft. 61) auf den ersten Blick als »nach-moderne« Wiederaufnahme der Malerei Yves Tanguys verstanden werden, als Hinweis darauf, daß die Programme des Surrealismus auch heute noch für die Malerei verbindlich sind. Doch vor dem Hintergrund anderer Bilder Dokoupils wird deutlich, daß hier eine Bildsprache »im Zitat« ausprobiert wird, um einen Bildeinfall – den Philosophen – effektvoll und mit Selbstironie umzusetzen. Denn »dem Philosophen« die stilisierte, auf die surrealistische Phase von Picasso anspielende Haltung von Rodins ›Denker‹ zu unterlegen, ihn mit einem »Brett vor dem Kopf« zu zeigen, so daß er das bunte Reich der gemalten Phantasie, die

149

vielfältig verschlungene Wirklichkeit *nicht* sehen kann/sehen will, das zeugt von einem »Unernst«, der Wahrheit in Komik verpackt, weil sie anders kaum sichtbar werden würde.

Das Bild als knappe, humoristisch erhellende Chiffre für komplexe Sachverhalte, dies Verfahren benutzt Dokoupil auch in ›Der Leser‹ (Ft. 62) und in ›Portrait eines jungen Musikers (W. D.)‹ (Ft. 66). Beide Bilder gehören zu einer Folge von Arbeiten, in denen er von Trivialkunstformen, Comic-Figuren und Kinderzeichnungen als Bildanregung ausgeht. Deren Ästhetik biegt er um in einen spielerischen Ernst, der die extremen Ausdrucksmöglichkeiten der Materialien aufgreift, um verblüffende Wirkungen zu erzielen. Zugleich verknüpft Dokoupil sein Verfahren mit interpretierenden Blicken in die Kunstgeschichte. ›Der Leser‹ greift ironisch Picassos Spätstil auf, er spielt *mit* der Moderne *nach* der Moderne. Die »Naivität« der Sujets wird dabei von Dokoupil bis zu jener Grenze vorangetrieben, an der sie eine Form des »Wissens« erreichen, die mit anderen »ernsten« Darstellungsweisen zu konkurrieren vermag.

Vor diesem Hintergrund betrachtet, gibt es für Dokoupil keinen verpflichtenden Stil, aber auch keine verpflichtenden Inhalte. Der Duchampschen »Anästhesie des Geschmacks« antwortet eine »Ästhetik der Gleich-Gültigkeit«, die jeden Bildanlaß, jede Bildbegründung rechtfertigt, auch wenn sie von der Gesellschaft (oder vom Ich des Künstlers) tabuisiert ist.

Im Diptychon ›Fruchtwasser I und II‹ (Ft. 64) »leistet« sich Dokoupil eine Malerei, die in der Umsetzung von Nazi-Kunst besteht. Eine Vereinnahmung von Bildvorlagen geschieht, die ihre subtile Kritik gleichsam im Nebenbei verteilt. Die verzerrten grauen Gesichter, die »unbeholfene« Malweise, der blutrote Hintergrund, dessen Farbspuren in die Sujets laufen: all dies erweckt eher eine widersprüchliche, von »Geschichte« geprägte Stimmung als eine distanzierte Entlarvung.

Ähnliches gilt für die komplexe Sujetklitterung des ›Mannes mit Helm‹ (Ft. 63). Hier verwandelt Dokoupil zwei Bildvorlagen – ein Nazi-Portrait und eine Figur aus einer Rheuma-Werbung – in ein kompliziertes Bildgefüge, das vom Prinzip der Mehrdeutigkeit ausgeht. So sind etwa die Linien im unteren Bildteil als Körperumriß des Helmträgers, aber auch als »Krücken« des »Gebeugten« zu lesen. Dieser Mehrdeutigkeit entspricht die Ambivalenz des Bildes als Chiffre. Ihre Bedeutung evoziert sie weniger durch die Verweise auf die Bildquellen als durch das Miteinander der Figurationen. Die »Ausstrahlung« des Kopfes führt zur Haltung des Gebückten: Deutschland unter der Last seiner Vergangenheit? Die Vergangenheit als bedrückende Gegenwart? Lesarten werden möglich, die die Wirkung des Bildes aufschlüsseln und zugleich einengen. Daß die Bilder *mehr* sind als ihre Themen, davon spricht die Malerei Dokoupils. Zugleich aber zeigt er auch ihr »Weniger«.

Im Zyklus ›Die Erschaffung des Universums‹ (Abb. 63) greift Dokoupil die Möglichkeit der abstrakten Kunst auf. Das kosmische Thema »illustriert« er durch die Bilder ›Die Geburt des Universums‹, ›Die Entstehung der Scheiße‹, ›Seufzer der Wissenschaft‹ und ›Die verzweifelte Suche nach einem neuen Menschenbild‹. Wie eine Anmaßung wirken diese Werke, wie ein Verfehlen ihres selbstgesetzten Zieles, wie eine irregeleitete Entleerung von Kandinskys Programm für die abstrakte Malerei: »Sprechen vom Geheimen durch Geheimes«. Und doch scheinen sie »richtig« zu sein. Ihre lapidare Größe besteht in der schlüssigen Inadäquatheit von Thema und Darstellung. Nur so, gleichsam in der Form der Verfehlung, kann man sich gegenwärtig dem ganz Großen nähern, nur mit den Mitteln der Selbstironie und der Selbstrelativierung gelingen Bilder für das Nichtzuzeigende, auf das die Kunst – den Künstler überschreitend – dennoch immer wieder hinzielt.

Irritation und Faszination bilden das Zentrum der von Dokoupil angestrebten Bildwirkungen. Ein Staunen wird erzeugt, das sich auf sämtliche Aspekte der Malerei beziehen soll. Dokoupil setzt das Bildformat, den Maluntergrund, den

Farbauftrag, den »Stil«, das Sujet, das Zitat, die Farbe, die Form, die Linie, die Fläche, den Punkt, die Figuration als Momente der Verblüffung in seinen Bildern ein. Doch dies geschieht nie um des oberflächlichen, bravourösen Effektes willen, sondern unter dem Aspekt einer »inneren Notwendigkeit«, die sich zugleich jedoch stets als »Möglichkeit« zeigt. Von hier aus wirkt das schroffe Nebeneinander der Bilder haltlos, zufällig, anarchisch, von hier aus aber erhält es auch das Aussehen einer verschwenderischen Fülle.

Eine Malerei der Bejahung wird sichtbar, die sich alles erlaubt, was ihr als Wunsch und Sehnsucht vorschwebt. Sie läßt spüren, daß sie sich keinem verfestigten Programm, keinem vorgeprägten Glauben, keiner etablierten Moral verpflichtet fühlt, daß sie gleichzeitig aber auch nicht ein heroisches »Anti« dazu aufbauen möchte.

Ein Gewährenlassen dringt in die Kunst ein, die Hingabe an eine vagabundierende Phantasie, die mit ihren Chiffren nichts beweisen, niemanden belehren will: Bilder des Suchens, der Aufmerksamkeit, der Konzentration, der Offenheit, Wiederholung und Verstreuung. Chiffren der Gegenwart. Eine lustvolle »Ästhetik mit dem Rücken zur Wand«.

Nachbemerkung

Malerei, hier, heute, in Westdeutschland: Der Schnittpunkt zweier Generationen. Widersprüche und Verlängerungen, Neuanfänge und Fluchtlinien. Nicht ein »Es wird wieder gemalt« ist die Legitimation der neuen Bilder. Im Gegenteil. Sie entstehen »dennoch«: vor dem Hintergrund anderer Medien, anderer Kunstformulierungen. Vor dem Hintergrund der Bilderflut des optischen Zeitalters. Bilder als Eroberungen, als Behauptungen. Ihre semiologisch-deontische Dimension? Sie sind Setzungen für Möglichkeiten von Kunst. Keine Bewahrungen, Weiterführungen, Bestätigungen. Auszugehen ist von der »Ungleichheit des Ähnlichen«. Deshalb das Nebeneinander der Bildbegriffe, deshalb die Ästhetik der Verstreuung im einzelnen Werk. Durch sich selbst transportiert Malerei noch keinen Sinn. Der Akt des Malens entwirft als Geschehen keine Botschaft. Zwar: Kopf und Hand, dies ist das Zentrum der Malerei. Doch: Ohne den Blick auf Konzeption/Erscheinung bleiben die Werke leer. Jedes Bild ist Frage und Antwort. Wer? Was? Wann? Wie? Wo? Warum? Mit wem? Mit welchen Mitteln? Teilfragen. Teilaspekte. Teilantworten. Das Bild: Ganzheit. Synchronie der Erscheinung. Auch wenn es erzählt, bleibt es stumm. Seine heimliche, offene Grenze: Die faszinierte Akzeptanz. »Ja, das ist es! Genau dies! So muß es sein!« Betroffenheit, Hilflosigkeit, Bewunderung. – Kritik. – Warum wollen wir begreifen, was uns ergreift? Warum können wir nicht mit Bildern »leben«, sie sehen als Haus, Baum, Wolke, Feuer? Provokation von Fragen durch die Bilder heute. Malerei im logozentrischen Zeitalter. Oder: Malerei als Mittel zur Auflösung der Logozentrik? Ist es dies? – Synchronie, Diachronie. In der Tradition, auch der Moderne, formulieren die Bilder ein Kontinuum. Schmiegen sich der Geschichte an. Bilden einen parallelen Diskurs. Auch bei Kurskorrekturen wollen sie Entwicklung. – Und heute? Vieles spricht für ein Ende der Geschichte. Dabei rücken weniger Overkill, Nachrüstung, SS 20 in den Blick, als jene Selbstverständlichkeiten, die uns der Gang der Historie suggeriert: Fortschritt, Weiterschreiben, Revolution morgen. – Das Denken in den Kategorien der Einheit, der Wahrheit, der Finalität löst sich auf: Wer hat recht? Jeder hat recht. Niemand hat recht. – Geschichte zerbröselt. Hilflos der Versuch des Kapitals, Einheit durch die Einheit der Waren zu stiften. Ihre materielle Verheißung ist durchschaut. Ihr Glück verschwunden, aber auch das Leiden an ihnen löst sich auf. – Hilflos der Versuch der Großideologien durch Theorie/Praxis das Heil der Menschen zu erzwingen. – Gleichmut? Gewährenlassen? Eigensinn. Dabeisein und dagegen. Ich ist ein Anderer. Der Andere bin ich. Wir sind verschieden und gleich. – Vielheit. Der Ästhetik der Verstreuung antwortet das multiple Ich. Es regnet, es schneit, es malt ... Selbstauflösung als Selbstfindung. Nicht im Sinne des Neutralwerdens. Jede Identität ist Falle. Und das Menschenbild ... Malerei im anthropozentrischen Zeitalter. Oder: Malerei als Mittel zur Auflösung der Anthropozentrik? Eine Paradoxie deutet sich an: Schon längst sprechen die Bilder nicht mehr nur vom Subjekt. Schon längst reichen sie über den Menschen hinaus. Jenseits, wohin? – Bilder als Chiffren, Botschaften, Rätsel, Verkettungen: Ich und . . ., das Bild und . . ., wir und . . ., der Alltag und . . ., sie und . . . Mehrdeutige Konzeptionen. Intentionslose Intensitäten. Freier Stil. Wunsch-Bilder. – Die Zukunft der Gegenwart: Gegenwart. Und jetzt: Werden, sich entfalten, ausbreiten, wuchern. Alles ist möglich. Das Denkbare denken, das Machbare machen, das Zeigbare zeigen. Bilder als Entwürfe. Ohne Programm, ohne Halt. Gefährdet gefährdend. Voller Angst. Voller Lust. Sowohl als auch. Bejahung/Verneinung. »Über die Bedeutung entscheidet der Gebrauch.«

Anmerkungen

Dieses Buch entstand in enger Zusammenarbeit und im Laufe vieler Gespräche und Diskussionen, wobei die Konzeption des Textes von Wolfgang Max Faust, die des Bildteiles von Gerd de Vries entwickelt wurde.

Wir danken allen Künstlern, Galeristen, Sammlern und Kollegen, die uns bei der Produktion dieses Bandes geholfen haben, für ihre freundliche Unterstützung, insbesondere für die Überlassung des Fotomaterials.

Es freut uns, daß sich der DuMont Verlag so spontan für unser Vorhaben interessierte und das Zustandekommen dieses Buches so tatkräftig förderte.

Einleitung. Hintergründe und Vorbilder

1 Zur Rezeption in der breiten Öffentlichkeit vgl.: Alexej Kusak, Die neue Malwut, in: Stern Magazin, Nr. 41, 34. Jahrgang, Hamburg 1981; Alfred Nemeczek, Triumph der Wilden, in: ART. Das Kunstmagazin, Nr. 10/1981, Hamburg 1981; Das Kunstwerk, Nr. 6, XXXIV. Jahrgang, 1981; Peter Ruthenberg, Wild und heftig? Hart und wahr! Neue deutsche Maler, in: Twen, Nr. 5, Mai 1982; Jürgen Hohmeyer, Sturmflut der Bilder. Junge Malerei in Deutschland auf der Erfolgswelle und im Meinungsstreit, in: Der Spiegel, Nr. 22, 36. Jahrgang, Hamburg 1982

2 Vgl. dazu den erweiterten Wiederabdruck der Bibliographie, aus: Deutsche Kunst, hier, heute. Eine Dokumentation, hg. v. Wolfgang Max Faust, Köln 1981/82 (= Kunstforum International Bd. 47), S. 99, in diesem Band auf S. 56 f.

3 Hier und im folgenden vgl. zu den einzelnen Stilrichtungen die Literaturangaben in: Karin Thomas/Gerd de Vries, DuMont's Künstlerlexikon von 1945 bis zur Gegenwart, Köln 1977, ³1981 (= DuMont Taschenbücher Bd. 54)

4 Lucy R. Lippard, Six Years: The Dematerialization of the Art Object . . ., New York 1973

5 Thomas/de Vries (vgl. Anm. 3), S. 56

6 Joseph Beuys, Interview von Robert Filliou und Kasper König, in: R. Filliou, Lehren und Lernen als Aufführungskünste/Teaching and Learning as Performing Arts, hg. v. K. König, Köln/New York: Verlag Gebr. König 1970, S. 164

7 Zu Joseph Beuys vgl. die Bibliographie in: Götz Adriani/Winfried Konnertz/Karin Thomas, Joseph Beuys, Köln 1973, S. 192 ff., bzw. in der aktualisierten, erweiterten Taschenbuchausgabe 1981 (= DuMont Taschenbücher Bd. 108), S. 374 ff.

8 Zu diesem Problem vgl. Wolfgang Max Faust, Bilder werden Worte. Zum Verhältnis von bildender Kunst und Literatur im 20. Jahrhundert oder Vom Anfang der Kunst im Ende der Künste, München: Carl Hanser Verlag 1977

9 Vgl. dazu über Thomas/deVries (vgl. Anm. 3) hinaus: Wolfgang Max Faust, Arte Cifra? Neue Subjektivität? Trans-Avantgarde? Aspekte der italienischen Gegenwartskunst, in: Idylle oder Intensität. Italienische Kunst heute, hg. v. Marlis Grüterich, Köln 1980 (= Kunstforum International Bd. 39, = 3/80)

10 Vgl. dazu über Thomas/de Vries hinaus: Transavanguardia: Italia/America, hg. v. Achille Bonito Oliva, Kat. Galleria civica del Comune di Modena, 21. März – 2. Mai 1982

11 Vgl. dazu: Das Bilderbuch, hg. v. Karl Pfefferle, München-Grünwald 1981

12 Vgl. dazu die in der letzten Zeit geführten Diskussionen in: Artforum, Art Press, Domus, Flash Art, Kunstbulletin

13 Vgl. dazu: Paul Vogt, Geschichte der deutschen Malerei im 20. Jahrhundert, Köln 1976, und die dort abgedruckte Bibliographie auf S. 410 ff.

14 Paul Vogt, ebd., S. 387

15 Zero 3, hg. v. Heinz Mack und Otto Piene, Düsseldorf o. J. (1961), vorletzte Seite (nicht paginiert)

16 ebd.

17 Günther Uecker (1961/62), zitiert nach: Günther Uecker, Kat. Kestner-Gesellschaft Hannover, 5. Mai – 18. Juni 1972 (= Kat. 3/1972), S. 39, Sp. 1

18 Wieland Schmied, Notizen zu »Zero«, in: Heinz Mack/ Otto Piene/Günther Uecker, Kat. Kestner-Gesellschaft Hannover, 7. Mai – 7. Juni 1965 (= Kat. 7, Ausstellungsjahr 1964/65), S. 15

19 Dieter Koepplin, in: Horst Antes, Kat. Kunstmuseum Basel 1967, zitiert nach: Horst Antes. Metallplastiken und Bilder, Kat. Galerie Valentien, 18. September – 31. Oktober 1981, S. 6, Sp. 1

20 Theodor W. Adorno, Ästhetische Theorie, Frankfurt am Main 1970, S. 19 (= Gesammelte Schriften Bd. 7)

21 Art into Society. Society into Art. Seven German Artists, Kat. Institute of Contemporary Art (ICA), London 1974

22 Vgl. dazu u. a.: Hans Daucher, Psychogenetische Erklärungsansätze zum Ästhetikbegriff, in: Ästhetische Erziehung als Wissenschaft. Probleme – Positionen – Perspektiven, hg. v. Hans Daucher und Karl-Peter Sprinkart, Köln 1979 (= DuMont Dokumente Pädagogik)

Kapitel I: Malerei als Malerei

1 Georg Baselitz, 1. Pandämonium (November 1961), zitiert nach: Carla Schulz-Hoffmann, Georg Baselitz – Versuch einer Analyse, in: Georg Baselitz, Kat. Galerieverein München e. V. und Staatsgalerie moderner Kunst, 1. April – 9. Mai 1976, S. 10, Sp. 2

2 Georg Baselitz, zitiert nach: Günter Gercken, Die Nacht des Pandämoniums, ebd., S. 21, Sp. 2

3 Günther Gercken, in: Georg Baselitz. Ein neuer Typ, Kat. Galerie Neuendorf, Hamburg 1973, zitiert nach: Carla Schulz-Hoffmann (vgl. Anm. 1), S. 17, Anm. 5 und 6

4 Georg Baselitz, Manifest zur Ausstellung in der Galerie Springer, Berlin 1966, zitiert nach Carla Schulz-Hoffmann (vgl. Anm. 1), S. 13

5 Evelyn Weiss, Gespräch mit Georg Baselitz im Schloß Derneburg am 22. Juni 1975, in: Georg Baselitz, Kat. XIII. Bienal de São Paulo 1975

6 Georg Baselitz, zitiert nach: Jürgen Schilling, Vorwort, in: Georg Baselitz, Kath. Kunstverein Braunschweig, 1981

7 Georg Baselitz, zitiert nach: Günther Gercken (vgl. Anm. 2), S. 24

8 Rudi H. Fuchs in: Georg Baselitz. Bilder 1977/1978, Kat. Van Abbemuseum Eindhoven 1979, Abschnitt III (nicht paginiert)

9 Georg Baselitz in einem Gespräch mit Evelyn Weiss (vgl. Anm. 5)

10 Markus Lüpertz, zitiert nach: Markus Lüpertz. Gemälde und Handzeichnungen 1964 bis 1979, Kat. Josef-Haubrich-Kunsthalle Köln, 1. Dezember 1979 – 13. Januar 1980, S. 101

11 Siegfried Gohr, Die Annäherung an das neue Bild – Elemente für eine Geschichte der Malerei von Markus Lüpertz, ebd., S. 41

12 Siegfried Gohr, ebd.

13 Markus Lüpertz, zitiert nach: Siegmar Holsten, Motivvergleiche zu Markus Lüpertz, in: Markus Lüpertz, Kat. Hamburger Kunsthalle, 15. April–29. Mai 1977, S. 54

14 Siegfried Gohr (vgl. Anm. 11), S. 90

15 Vgl. dazu die beiden Kataloge: Gerhard Richter. Atlas van de foto's en schetsen, Hedendaagse Kunst Utrecht, 1. – 30. Dezember 1972, bzw. Gerhard Richter. Atlas der Fotos, Collagen und Skizzen, Museum Haus Lange Krefeld, 8. Feb. – 14. März (= Ausstellung 1/76)

16 Johannes Cladders in: Gerhard Richter. Graue Bilder, Kassettenkatalog Städtisches Museum Mönchengladbach, 4. Dezember 1974 – 12. Januar 1975 (nicht paginiert)

17 Gerhard Richter, zitiert nach: Rolf Gunther Dienst, Noch Kunst, Düsseldorf 1970

18 Gerhard Richter, zitiert nach: Amine Haase, Gespräche mit Künstlern, Düsseldorf 1981

19 Gerhard Richter, zitiert nach: Heribert Heere, Gerhard Richter – Die abstrakten Bilder. Zur Frage des Inhalts, in: Gerhard Richter. Abstrakte Bilder 1976 bis 1981, Kat. Kunsthalle Bielefeld, 10. Januar – 21. Februar 1982, Mannheimer Kunstverein e.V., 18. April – 16. Mai 1982, S. 16

20 Heribert Heere, ebd., S. 18

21 Gerhard Richter, zitiert nach: Heribert Heere, ebd. S. 15

Kapitel II: Abstrakte Positionen

1 Vgl. Kapitel I, Anm. 13

2 Jürgen Mauschel, Kat. Biennale Venedig 1978, S. 84

3 Jürgen Morschel, ebd., S. 83f.

4 Winfred Gaul, in: Winfred Gaul, Zeichnen + Malen. Medium + Analyse, Kat. Galerie Peccolo, Köln 1977 (nicht paginiert)

5 Winfred Gaul, ebd.

6 Karlheinz Nowald, Malerei als Malerei – und sonst nichts, in: Winfred Gaul. Malerei 1959–1961. 1974–1975, Kat. Wilhelm-Lembruck-Museum der Stadt Duisburg 1975 (nicht paginiert)

7 Vgl. dazu: Geplante Malerei, Kat. Westfälischer Kunstverein Münster, 30. 3. – 28. 4. 1974

8 Reimer Jochims, Visuelle Identität, Frankfurt am Main 1975, S, 76

9 Katharina Schmidt, in: Gotthard Graubner. Kat. Staatliche Kunsthalle Baden-Baden, 19. September – 23. November 1980

10 Max Imdahl, ebd., S. 9

11 Gotthard Graubner, ebd., S. 230

12 Gotthard Graubner, ebd.

13 Laszlo Glozer, Für Palermo, in: Blinky Palermo 1964–1976, Kat. Galerie-Verein München e. V. in der Staatsgalerie moderner Kunst, München, 30. Juli – 21. September 1980 im Haus der Kunst, S. 133 bzw. 135

14 Dierk Stemmler, Zu dieser Ausstellung, in: Palermo (Peter Heisterkamp), Kat. Städtisches Kunstmuseum Bonn, 22. September – 1. November 1981, S. 112

15 Rudi H. Fuchs, in: W Knoebel, Kat. Van Abbemuseum, Eindhoven 1982

Kapitel III: Bilder und Wirklichkeiten

1 Peter Sager, Neue Formen des Realismus. Kunst zwischen Illusion und Wirklichkeit, Köln 1973

2 Georg Schmidt, Naturalismus und Realismus, in: Martin Heidegger zum 70. Geburtstag, Pfullingen 1959, zitiert nach: Als guter Realist muß ich alles erfinden. Internationaler Realismus heute, Kat. Kunstverein und Kunsthaus Hamburg, 4. November 1978 – 7. Januar 1979, Badischer Kunstverein Karlsruhe, 21. Januar – 4. März 1979, S. 6, Sp. 2

3 Uwe M. Schneede, Als guter Realist muß ich alles erfinden, in: Kat. Hamburg/Karlsruhe 1978/79 (vgl. Anm. 2), S. 7, Sp. 2

4 Hans Heinz Holz, Vom Kunstverein zur Ware, Neuwied/Berlin 1972, zitiert nach: Kat. Hamburg/Karlsruhe 1978/79 (vgl. Anm. 2), S. 9, Sp. 1

5 Georg Lukács, Essays über Realismus, Berlin 1948, zitiert nach: Kat. Hamburg/Karlsruhe 1978/79 (vgl. Anm. 2), S. 7, Sp. 2

6 Uwe M. Schneede (vgl. Anm. 3)

7 Jürgen Waller, in: 14 × 14, Kat. Kunsthalle Baden-

Baden 1973, zitiert nach: Kat. Hamburg/Karlsruhe 1978/79 (vgl. Anm. 2), S. 235, Sp. 1

8 Hans-Jürgen Diehl in einem Interview (1976), zitiert nach: Kat. Hamburg/Karlsruhe 1978/79 (vgl. Anm. 2), S. 63, Sp. 1

9 Zum Sozialistischen Realismus vgl. über Thomas/de Vries (vgl. Einleitung, Anm. 3) hinaus: Malerei und Graphik aus der DDR, Kat. Worpsweder Kunsthalle, 5. August – 24. September 1978; Kunst heute in der Deutschen Demokratischen Republik, Kat. Aachen, Neue Galerie – Sammlung Ludwig, 13. 1. – 18. 3. 1979, Wien, Künstlerhaus, 4. 9. – 7. 10. 1979

10 Wolfgang Mattheuer, in: Peter Sager (vgl. Anm. 1), S. 215

11 Willi Sitte, in: Peter Sager (vgl. Anm. 1), S. 248 f.

12 Georg Bussmann, in: Willi Sitte, Faltblatt zur Ausstellung Frankfurter Kunstverein, 23. 5. – 9. 7. 1978 (nicht paginiert)

13 Vgl. dazu: Wolfgang Becker, Anders sein. Über Kunst und Künstler heute in der Deutschen Demokratischen Republik, in: Kat. Aachen/Wien 1979 (vgl. Anm. 9; nicht paginiert)

14 Konrad Klapheck, zitiert nach: Handbuch Museum Ludwig. Kunst des 20. Jahrhunderts, Köln 1979, S. 367

Kapitel IV: Jenseits der Malerei

1 A. R. Penck, in: A. R. Penck. Concept. Conceptruimte, Kat. Museum Boymans-van Beuningen, Rotterdam 6.10.–18. 11. 1979, S. 65

2 A. R. Penck, Standart. Einführung des Begriffes (1970), zitiert nach: A. R. Penck. Gemälde. Handzeichnungen, Kat. Josef-Haubrich-Kunsthalle, Köln 15. April–17. Mai 1981, S. 101, Sp. 1

3 A. R. Penck (vgl. Anm. 1), S. 66

4 Dieter Koepplin, Zeichnungen von A. R. Penck, in: a. r. penck. Y. Zeichnungen bis 1975, Kat. (u. a.) Kunstmuseum Basel, 13. Mai–25. Juni 1978, S. 14 f.

5 A. R. Penck, Auf Penck zurückblickend (1978), ebd., S. 5

6 A. R. Penck, ebd.

7 Siegfried Gohr, A. R. Penck oder die strategischen Möglichkeiten der Malerei, in: Kat. Köln 1981 (vgl. Anm. 2), S. 12

8 A. R. Penck, ebd., S. 109

9 A. R. Penck (vgl. Anm. 1), S. 66

10 A. R. Penck, ebd.

11 Jörg Immendorff, Hier und Jetzt: Das zu tun, was zu tun ist, Köln–New York 1973, S. 33

12 Vgl. dazu: Jörg Immendorff. LIDL 1966–1970, Kat. Van Abbemuseum, Eindhoven 1978

13 Siegfried Gohr, Das »Café Deutschland« von Jörg Immendorff, in: Café Deutschland von Jörg Immendorff, Köln: Galerie Michael Werner 1978 (nicht paginiert)

14 Siegfried Gohr, ebd.

15 Anselm Kiefer, Besetzungen 1969, in: Interfunktionen, Nr. 12, hg. v. Benjamin H. D. Buchloh, Köln 1975

16 Theo Kneubühler, Anselm Kiefer, in: Anselm Kiefer. Bilder und Bücher, Kat. Kunsthalle Bern, 7. Oktober–19. November 1978, S. 12

17 Artforum, Vol. XIX, No. 10, June 1981, S. 68 ff.

18 Anselm Kiefer, Selbstbiographie, in: Anselm Kiefer, Kat. Bonner Kunstverein, 17. März–24. April 1977, vorletzte Seite (nicht paginiert), bzw. in: Anselm Kiefer, Kat. Bern (vgl. Anm. 16), S. 103

19 Sigmar Polke, Original + Fälschung, Kat. Städtisches Kunstmuseum, Bonn 1974

20 Zitiert nach: Benjamin H. D. Buchloh, Polke und das Große Triviale (mythisch oder pythisch?), in: Sigmar Polke. Bilder, Tücher, Objekte. Werkauswahl 1962–1971, Kat. Kunsthalle Tübingen 13. 2.–14. 3. 1976, Kunsthalle Düsseldorf 2. 4.–16. 5. 1976, Stedelijk Van Abbemuseum Eindhoven 18. 6.–25. 7. 1976, S. 136

21 Teil aus dem ›Vitrinenstück (das Bild, das auf Befehl höherer Wesen gemalt wurde)‹, 1966; vgl. dazu Kat. Tübingen/Düsseldorf/Eindhoven 1976 (vgl. Anm. 20), S. 80–83

22 Benjamin H. D. Buchloh (vgl. Anm. 20), S. 137

Kapitel V: Die 80er Jahre

1 Paul Feyerabend, Wider den Methodenzwang, Frankfurt am Main 1979

2 Zdenek Felix, Ein König fällt nicht vom Himmel. Notizen zu einer Ausstellung, in: 10 junge Künstler aus Deutschland, Kat. Museum Folkwang Essen, 5. Februar 1982–21. März 1982, S. 4, Sp. 1

3 Jean-Christophe Ammann, Zur Ausstellung, in: 12 Künstler aus Deutschland, Kat. Kunsthalle Basel 14. 3.–25. 4. 1982, Museum Boymans-van Beuningen Rotterdam 8. 5.–21. 6. 1982, Sp. 1 (nicht paginiert)

4 Gudrun Inboden, Die Kategorien der Moderne – Ratlos, in: Junge Kunst aus Westdeutschland '81, Kat. Max-Ulrich Hetzler GmbH, Stuttgart 24. Juli–12. September (1981), vorletzte Seite (nicht paginiert)

5 Bernd Koberling, in: Bernd Koberling. Malerei 1962–1977, Kat. Haus am Waldsee, Berlin 1978

6 Ernst Busche, Van Gogh an der Mauer. Die neue Malerei in Berlin – Tradition und Gegenwart, in: Deutsche Kunst, hier, heute. Eine Dokumentation, hg. v. Wolfgang Max Faust, Köln 1981/82 (= Kunstforum International Bd. 47), S. 112

7 Wie zahlreiche andere Bilder Salomés ist auch ›Kung Fu‹ nach einer Pornoheft-Vorlage entstanden; vgl. dazu: Sling, No. 1, San Francisco: Le Salon 1979 (nicht paginiert)

8 Ulla Frohne, »Keine Katastrophe ohne Idylle. Keine Idylle ohne Katastrophe«, in: Der moderne Mensch.

Ina Barfuss. Bilder und Zeichnungen 1979–1982, Kat. Neue Gesellschaft für bildende Kunst (NGBK), Berlin, 3. 5.–28. 5. 1982, S. 28

9   Mattin Kippenberger, zitiert nach: Peter Ruthenberg, Wild und heftig? Hart und wahr! Neue deutsche Maler, in: Twen, Nr. 5, Mai 1982, S. 28, Sp. 1

10 Werner Büttner/Albert Oehlen, Facharbeiterficken, in: Über sieben Brücken mußt Du gehen, Stuttgart: Max-Ulrich Hetzler GmbH 1982 (nicht paginiert)

11 Werner Büttner, zitiert nach: Peter Ruthenberg (vgl. Anm. 9), S. 31

12 Werner Büttner/Albert Oehlen, Facharbeiterficken (vgl. Anm. 10)

13 Werner Büttner, zitiert nach: Peter Ruthenberg (vgl. Anm. 9), S. 23

14 Jean-Christophe Ammann (vgl. Anm. 3), Sp. 5 (nicht paginiert)

15 Junggesellenmaschinen/Les Machines Célibataires, hg. v. Harald Szeemann, Venedig: Alfieri, Edizioni d'Arte (1975), als Katalog u. a. Städtische Kunsthalle Düsseldorf, 6. Februar–21. März 1976

16 An Francisco de Goyas ›Desastres de la guerra‹ angelehnter Titel Werner Büttners für eine Reihe von Zeichnungen und Collagen

17 Der von W. M. Faust vorgeschlagene Name diente ursprünglich als Titel für die Ausstellung und den Katalog ›Mülheimer Freiheit & Interessante Bilder aus Deutschland‹, Köln: Galerie Paul Maenz, 13. 11–20. 12. 1980. Erst später wurde er zum Gruppennamen der Kölner Künstler.

18 Walter Dahn in der Interviewmontage von Wolfgang Max Faust, in: Mülheimer Freiheit, Kat. Groninger Museum, 28. Februar–6. April 1981, S. 25 (Wiederabdruck dieser Interviewmontage in: Deutsche Kunst, hier, heute [vgl. Anm. 6], S. 117 ff.)

19 Hans Peter Adamski, ebd., S. 25

20 Hans Peter Adamski, ebd., S. 12

21 Gerard Kever, ebd., S. 26

22 Peter Bömmels, ebd., S. 38

23 Giovanni Battista Bracelli, Bizzarie di varie figure, Faksimile-Neudruck der Ausgabe Florenz 1624, Unterschneidheim 1978, Abb. 4

24 Gerhard Naschberger (vgl. Anm. 18), S. 12

25 Jean-Christophe Ammann (vgl. Anm. 3)

26 Walter Dahn (vgl. Anm. 18), S. 11

27 Vgl. dazu: Walter Dahn und Georg Dokoupil, fotografiert von Roman Soukop, veröffentlicht von Paul Maenz anläßlich einer Ausstellung ihrer gemeinsam gemalten Bilder in der Galerie 't Venster, Rotterdam, Januar/Februar 1982, Köln: Galerie Paul Maenz 1982

28 Walter Dahn (vgl. Anm. 18), S. 46

29 Gilles Deleuze/Félix Guattari, Rhizom, Berlin: Merve Verlag 1977, S. 5

30 Georg Jiři Dokoupil (vgl. Anm. 18), S. 12

31 Georg Jiři Dokoupil, ebd., S. 25

Chronologische Bibliographie: Die 80er Jahre

Europa 79. Geschichte einer Ausstellung. In: Kunstforum International, Band 36, 6/79, Mainz 1979

Les nouveaux fauves. Die neuen Wilden. Katalog Neue Galerie – Sammlung Ludwig, Aachen, 1980

Heftige Malerei. Fetting, Middendorf, Salomé, Zimmer. Katalog Haus am Waldsee Berlin. Red. Thomas Kempas. Berlin 1980

Finger für Deutschland. Ausstellung im Atelier Jörg Immendorff. Katalog Düsseldorf 1980.

Mülheimer Freiheit & Interessante Bilder aus Deutschland. Adamski, Barfuß, Bömmels, Büttner, Dahn, Dokoupil, Herold, Kever, Naschberger, Oehlen, Wachweger. Katalog Galerie Paul Maenz, Köln 1980

Busche, Ernst: Violent Painting. In: Flash Art. No. 101. Jan./ Feb. 1981

Mülheimer Freiheit. Adamski, Bömmels, Dahn, Dokoupil, Kever, Naschberger. Katalog Groninger Museum. Einf. Frans Haks. Interviewmontage von W. M. Faust. Groningen 1981

A New Spirit in Painting. Katalog Royal Academy of Arts London. Org. Christos M. Joachimides, Norman Rosenthal, Nicholas Serota. London 1981

Art Allemagne Aujourd'hui. Différents aspects de l'art actuel en république fédérale d'allemagne. Katalog ARC/Musée d'art moderne de la ville de Paris. Konzeption René Block und Suzanne Pagé. Paris 1981

Rundschau Deutschland. Katalog zur Ausstellung in der Fabrik, Lothringerstraße 13. Red. Stefan Szczesny und Troels Wörsel. München 1981

Szenen der Volkskunst. Katalog Württembergischer Kunstverein Stuttgart. Verantw. Tilman Osterwold. Stuttgart 1981

heute, Westkunst. Red. Kasper Koenig. Katalog zur Westkunst Ausstellung: Köln 1981

Zeitpunkt-Köln-Deutz. 13 Kölner Künstler stellen aus. Bergmann/Lorbeer, Bonvie, Gies, Gilles, Gruber/Vedder, Klein, von Nagel, Pick, Rogalla, Runge, Wolf. Katalog. Organisation Hajo Müller, Köln 1981

10 in Köln. Altmeyer, Banana/Johannes, Bethke, Breloh, vom Bruch, Lambertin, Nemeczek, Odenbach, Rösel, Volles. Katalog Kölnischer Kunstverein. Hrsg. von Wulf Herzogenrath. Köln 1981

Treibhaus. 31 Künstler in Düsseldorf. Katalog Kunstmuseum Düsseldorf. Hrsg. Stephan von Wiese. Düsseldorf 1981

Sechs junge Maler. Kaps, Lange, Scheibner, Gabriel, Truetsch, Chevalier. Katalog Galerie Poll, Berlin 1981

Bildwechsel. Neue Malerei aus Deutschland. Katalog IBK Berlin. Organisation Ernst Busche. Berlin 1981

Iden, Peter: Die hochgemuten Nichtskönner. Eine Auseinandersetzung mit den »Neuen« in der deutschen Malerei. In: Frankfurter Rundschau, Samstag. 18. 7. 1981, Feuilleton, Seite III

Gegen-Bilder. Die Kunst der jungen deutschen Generation. Katalog Badischer Kunstverein. Hrsg. von Michael Schwarz. Karlsruhe 1981

Junge Kunst aus Westdeutschland '81. Bauch, Büttner, Drescher, Förg, Genzken, Kippenberger/Oehlen, Mucha, A. Oehlen, M. Oehlen, Platino, Schön, Tuzina, Wawrin, Weidemann, Wyss, Palais Schaumburg. Katalog Galerie Max-Ulrich Hetzler. Stuttgart 1981

Die heimliche Wahrheit. Mühlheimer Freiheit in Freiburg. Katalogzeitung Freiburger Kunstverein. Freiburg 1981

Die fliegende Birke. Hrsg. von J. Partenheimer, M. Sauer, P. Auberger, M. Bauer. Kunsthalle Baden-Baden 1981

Phoenix. Katalog Alte Oper Frankfurt. Hrsg. von Manfred de la Motte und Walter E. Baumann. Frankfurt/M. 1981

Faust, Wolfgang Max: »Du hast keine Chance. Nutze sie!« With it and Against It: Tendencies in Recent German Art. In: Artforum, XX, Nr. 1, September 1981, New York 1981

Malerei '81: Triumph der Wilden. In: art. Das Kunstmagazin. 10/1981. Hamburg 1981

Die neue Malwut. Bericht von Alexej Kusak. In: stern magazin. 41/81. Hamburg 1981

Situation Berlin. Katalog Galerie d'Art Contemporain des Musées de Nice. Nizza 1981

Berlin. Eine Stadt für Künstler. Katalog Kunsthalle Wilhelmshaven. Wilhelmshaven 1981. (Außentitel: Berlin. Kunst wird nicht durch Mauern umgrenzt)

Im Westen nichts Neues. Wir malen weiter. Castelli, Fetting, Middendorf, Salomé, Zimmer. Katalog Kunstmuseum Luzern. Red. Martin Kunz. Luzern 1981

Fleisches Lust. Die Wiederkehr des Sinnlichen – Die Erotik in der neuen Kunst. Adamski, Chia, Clemente, Disler, Dokoupil, Fetting, Garcia Sevilla, Ikemura, Müller. Katalog Galerie Paul Maenz. Köln 1981

Tango Frankfurt. Katalog Frankfurt/Main 1981

Pfefferle, Karl (Hrsg.): Das Bilderbuch. Mit einer Einführung von Wolfgang Max Faust. Edition Pfefferle. München 1981

Erotik in der Kunst heute. – Dokumentation zur Ausstellung »Gott oder Geißel« im Bonner Kunstverein und im Kunstverein München. Zusammengestellt von Annelie Pohlen. (Kunstforum International, Bd. 46, 4/81, Köln 1981)

Mühlheimer Freiheit: Die Seefahrt und der Tod. Katalog Kunsthalle Wilhelmshaven. Wilhelmshaven 1981

Deutsche Kunst, hier, heute: Eine Dokumentation von Wolfgang Max Faust. Kunstforum International, Bd. 47, Dez./Jan. Köln 1981/82

10 junge Künstler aus Deutschland. Adamski, Bömmels, Dahn, Dokoupil, Fetting, Kever, Kunc, Middendorf, Naschberger, Salomé. Katalog Museum Folkwang Essen. Red. Zdenek Felix. Essen 1982

12 Künstler aus Deutschland, Kat. Kunsthalle Basel 14. 3.–25. 4. 1982, Museum Boymans-van Beuningen Rotterdam 8. 5.–21. 6. 1982

Jürgen Hohmeyer, Sturmflut der Bilder. Junge Malerei in Deutschland auf der Erfolgswelle und im Meinungsstreit, in: Der Spiegel, Nr. 22, 36. Jahrgang, Hamburg 1982

Verzeichnis der Farbtafeln

1 Georg Baselitz. Die große Nacht im Eimer. 1962/63. Öl auf Leinwand. 250 × 180 cm. Museum Ludwig, Köln
2 Georg Baselitz. Die Mädchen von Olmo. 1981. Öl auf Leinwand. 250 × 248 cm. Galerie Neuendorf, Hamburg/Galerie Michael Werner, Köln
3 Jörg Immendorff. Café Deutschland I. 1977/78. Kunstharz auf Leinwand. 282 × 320 cm. Slg. Ludwig, Neue Galerie, Aachen
4 Jörg Immendorff. Naht. 1981. Öl auf Leinwand. 180 × 400 cm. Galerie Michael Werner, Köln
5 Markus Lüpertz. Schwarz-Rot-Gold – dithyrambisch. 1974. Leimfarbe auf Leinwand. 260 × 200 cm. Privatbesitz
6 Markus Lüpertz. Alice im Wunderland (Serie von 50 Bildern, daraus: »Du weißt nicht viel«, versetzte die Herzogin...). 1981. Öl auf Leinwand. 100 × 81 cm. Galerie Michael Werner, Köln
7 Gerhard Richter. Verkündigung nach Tizian. 1973. Öl auf Leinwand. 125 × 200 cm. Privatbesitz
8 Gerhard Richter. Landschaft mit kleiner Brücke. 1969. Öl auf Leinwand. 120 × 150 cm. Slg. Ludwig, Museum moderner Kunst, Wien
9 Gerhard Richter. Vermalung. 1972. Öl auf Leinwand. 150 × 150 cm. Galleria Lucio Amelio, Neapel
10 Gerhard Richter. 4096 Farben. 1974. Lack auf Leinwand. 254 × 254 cm. Privatbesitz
11 Gerhard Richter. Abstraktes Bild. 1982. Öl auf Leinwand. 200 × 320 cm. Galerie Konrad Fischer, Düsseldorf
12 Gotthard Graubner. Farbraumkörper – dharma III. 1977. Öl auf Leinwand über Synthetikwatte auf Leinwand. 282 × 282 × 15 cm. Staatsgalerie Stuttgart
13 Palermo. Ohne Titel (Stoffbild in zwei Blautönen). 1970. 200 × 70 cm. Städtisches Kunstmuseum Bonn
14 A. R. Penck. Der Übergang. 1963. Öl auf Leinwand. 94 × 120 cm. Sammlung Ludwig, Neue Galerie, Aachen
15 A. R. Penck. Der Übergang. 1980. Acryl auf Leinwand. 130 × 160 cm. Galerie Michael Werner, Köln
16 A. R. Penck. Standart. 1971. Acryl auf Leinwand. 290 × 290 cm. Galerie Michael Werner, Köln
17 Anselm Kiefer. Resumptio. 1974. Öl auf Leinwand. 115 × 180 cm. Slg. Julia Kiefer, Walldürn-Hornbach
18 Anselm Kiefer. Wege der Weltweisheit. 1976/77. Öl auf Leinwand. 305 × 500 cm. Slg. Martin Visser, Bergeyk

19 Anselm Kiefer. Märkische Heide. 1974. Öl auf Leinwand. 118 × 254 cm. Stedelijk Van Abbemuseum, Eindhoven
20 Anselm Kiefer. Die Meistersinger. 1982. Stroh und Öl auf Leinwand. 190 × 280 cm. Galerie Paul Maenz, Köln
21 Sigmar Polke. Why Can't I Stop Smoking? 1964. Dispersion auf Leinwand. 170 × 130 cm. Galerie Michael Werner, Köln
22 Sigmar Polke. Ohne Titel (Stoffbild, zwei Teile). 1971/73. Mischtechnik auf Tuch. 2 Teile (100 × 130 bzw. 180 × 200 cm). Privatbesitz
23 Sigmar Polke. Ohne Titel (Stoffbild). 1981. Dispersionsfarbe auf Stoff; Holzrahmen. Ca. 200 × 210 cm. Slg. Dr. Reiner Speck, Köln
24 K. H. Hödicke. Die Schöne und das Biest. 1979. Kunstharz auf Leinwand. 190 × 155 cm
25 Rainer Fetting. Dusche III. 1980. Dispersion auf Nessel. 220 × 160 cm. Privatbesitz
26 Rainer Fetting. Große Dusche (Panorama). 1981. Dispersion auf Nessel. 278 × 478 cm (3 Teile). Slg. Heiner Bastian, Berlin
27 Rainer Fetting. Selbstportrait als Indianer. 1982. Dispersion auf Leinwand. 250 × 200 cm. Privatbesitz
28 Bernd Zimmer. Melancholie. 1980. Dispersion und Öl auf Nessel. 205 × 300 cm. Privatbesitz
29 Bernd Zimmer. Felder: Weizen. 1981. Dispersion und Öl auf Nessel. 205 × 300 cm. Galerie Yvon Lambert, Paris
30 Helmut Middendorf. Ghosttrain. 1980. Kunstharz auf Nessel. 175 × 220 cm
31 Helmut Middendorf. Singer/Red/Yellow. 1981. Kunstharz auf Nessel. 175 × 220 cm. Privatbesitz Antwerpen
32 Helmut Middendorf. Schwebender – Rot. 1980. Kunstharz auf Leinwand. 190 × 250 cm. Privatbesitz
33 Helmut Middendorf. City of the Red Nights (W. B.). 1981. Öl und Kunstharz auf Leinwand. 220 × 350 cm. Privatbesitz
34 Salomé. Blutsturz. 1979. Kunstharz auf Nessel. 260 × 210 cm. Thomas Ammann Fine Art, Zürich
35 Salomé. Ti amo. 1979. Kunstharz auf Nessel. 240 × 400 cm. Thomas Ammann Fine Art, Zürich
36 Salomé. Wild Boys. 1980. Mischtechnik auf Leinwand. 240 × 400 cm. Galerie Bruno Bischofberger, Zürich
37 Ina Barfuss. Käsekopf. 1982. Gouache auf Karton. 105 × 76 cm
38 Thomas Wachweger. Paarung. 1982. Gouache auf Karton. 105 × 76 cm
39 Werner Büttner. Im Weinberg. 1981. Öl auf Leinwand. 180 × 390 cm (3 Teile, je 180 × 130 cm). Privatbesitz
40 Werner Büttner. Selbstbildnis im Kino onanierend. 1980. Öl auf Leinwand. 150 × 115 cm. Galerie Paul Maenz, Köln
41 Albert Oehlen. 6 Stilleben. 1980. Dispersion auf Nessel. Je 42 × 51,5 cm. Slg. FER

42 Albert Oehlen. Wasch- und Umkleideräume unter der Motorenhalle am Rosenberg. 1980. Dispersion auf Nessel. 160 × 190 cm. Galerie Paul Maenz, Köln

43 Albert Oehlen. Time Tunnel. 1982. Öl auf Nessel. 255 × 350 cm

44 Albert Oehlen. Als hätte man mir die Muschel rausgedreht. 1982. Öl auf Nessel. 190 × 160 cm

45 Hans Peter Adamski. Das Land des Lächelns. 1981. Dispersion auf Nessel. 181 × 243 cm. Privatbesitz

46 Hans Peter Adamski. Wissender Anschlag (Nasensäge). 1980/81. Dispersion auf Nessel. 140 × 190 cm. Galerie Paul Maenz, Köln

47 Hans Peter Adamski. Der Schleusenwärter. 1981. Öl und Dispersion auf Nessel. 238 × 172 cm. Slg. FER

48 Peter Bömmels. Ein-Weg. 1980. Dispersion auf Graupappe. Ca. 310 × 120 cm. Galerie Paul Maenz, Köln

49 Peter Bömmels. Ein König fällt nicht vom Himmel. 1980. Dispersion auf Nessel. 193 × 140,5 cm. Slg. FER

50 Peter Bömmels. Dopppelkreuz II. 1981. Dispersion auf Silberbronze auf Baubrettern, Nesselstreifen und Pappmaché. Ca. 240 × 230 cm. Privatbesitz

51 Peter Bömmels. Erstes Selbstportrait. 1981. Dispersion auf Nessel. 138 × 215 cm. Slg. FER

52 Peter Bömmels. Finis. 1981/82. Dispersion auf Leinwand. 138 × 215 cm. Galerie Paul Maenz, Köln

53 Walter Dahn. Du bist schuld. 1981. Dispersion auf Nessel. 200 × 110 cm. Privatbesitz

54 Walter Dahn. Ich. 1981. Dispersion auf Nessel. 200 × 150 cm. Galerie Paul Maenz, Köln

55 Walter Dahn. Vier Glas Kölsch (Herr Ober). 1981. Dispersion auf Nessel. 180 × 150 cm. Slg. Thiess Marwede, Köln

56 Walter Dahn. Snakefinger III (Im kalten Winter 81/82). 1981/82. Dispersion auf Nessel. 150 × 200 cm. Slg. Jung, Aachen

57 Walter Dahn. Einen Besen fressen... 1981. Dispersion auf Nessel. 200 × 150 cm. Privatbesitz

58 Walter Dahn/Georg Jiři Dokoupil. Kotzer III. 1980. Dispersion auf Stoff. 151,5 × 204,5 cm. Privatbesitz

59 Walter Dahn/Georg Jiři Dokoupil. Deutscher Wald. 1981. Dispersion auf Nessel. 220 × 295 cm (2 Teile: 220 × 160 und 220 × 135 cm). Galerie Paul Maenz, Köln

60 Walter Dahn/Georg Jiři Dokoupil. Gedanken sind Feuer. 1981. Dispersion auf Nessel. 200 × 150 cm. Galerie Paul Maenz, Köln

61 Georg Jiři Dokoupil. Philosoph. 1981. Dispersion auf Nessel. 200 × 300 cm (2 Teile, je 200 × 150 cm). Museum Boymans-van Beuningen, Rotterdam

62 Georg Jiři Dokoupil. Der Leser. 1981. Collage und Dispersion auf Nessel. 176 × 126 cm. Galerie Paul Maenz, Köln

63 Georg Jiři Dokoupil. Ohne Titel. 1981. Dispersion auf Nessel. 205 × 143 cm. Galerie Paul Maenz, Köln

64 Georg Jiři Dokoupil. Fruchtwasser I und II. 1981. Dispersion auf Nessel. 205 × 145 cm (I) bzw. 205 × 157 cm (II). Galerie Paul Maenz, Köln

65 Georg Jiři Dokoupil. Ohne Titel. 1981. Ölfarbe auf Nessel. 40 × 40 cm. Privatbesitz

66 Georg Jiři Dokoupil. Portrait eines jungen Musikers (W. D.). 1982. Dispersion und Öl auf Nessel. 220 × 160 cm. Slg. Peter Pütz, Köln

67 Gerard Kever. Tanz in der Küche. 1980. Dispersion auf Stoff. 225 × 174 cm. Galerie Bruno Bischofberger, Zürich

68 Gerard Kever. Der Rosenzüchter. 1981. Dispersion auf Nessel. 155 × 160 cm

69 Gerhard Naschberger. Ohne Titel (Bild mit vier Flugzeugen). 1980. Dispersion auf Nessel. 141 × 244 cm. Privatbesitz

70 Gerhard Naschberger. Jäger mit Kalb im Gebirge. 1980. Dispersion auf Nessel. 131,5 × 185 cm. Slg. FER

71 Gerhard Naschberger. Der stille Feind. 1981. Dispersion auf Nessel. 184 × 130 cm

72 Gerhard Naschberger. Gott. 1981. Dispersion auf Nessel. 183 × 144 cm. Slg. Peter Pütz, Köln

Fotonachweis

Hein Engelkirchen, Krefeld-Hülsborg (Abb. 3); Wolfgang Keseberg, Köln (Abb. 56); Rheinisches Bildarchiv, Köln (Abb. 27); Schmitz-Fabri, Rodenkirchen (Abb. 33 und 41); Lothar Schnepf, Köln (Abb. 57); Jürgen Wesseler, Bremerhaven (Abb. 24); Liselotte Witzel, Essen (Abb. 2). Die Fotos wurden freundlicherweise von den Künstlern oder den angegebenen Besitzern zur Verfügung gestellt.